BUZZ

© TIAGO BRUNET, 2024
© BUZZ EDITORA, 2024

Publisher ANDERSON CAVALCANTE
Coordenadora editorial DIANA SZYLIT
Editor-assistente NESTOR TURANO JR.
Analista editorial ÉRIKA TAMASHIRO
Estagiária editorial BEATRIZ FURTADO
Edição de texto ALINE GRAÇA
Preparação MAÍSA KAWATA
Revisão LUI NAVARRO, TÁSSIA CARVALHO E GIOVANNA CALEIRO
Projeto gráfico e diagramação OSMANE GARCIA FILHO
Capa DOUGLAS LUCAS

Nesta edição, respeitou-se o novo Acordo Ortográfico da Língua Portuguesa.

Dados Internacionais de Catalogação na Publicação (CIP)
(Câmara Brasileira do Livro, SP, Brasil)

Brunet, Tiago
  Emoções inteligentes : Governe sua vida emocional
  e assuma o controle da sua existência / Tiago Brunet.
  — 1ª ed. — São Paulo : Buzz Editora, 2024

ISBN 978-65-5393-374-3

1. Autoajuda (Psicologia) 2. Emoções — Aspectos
psicológicos 3. Inteligência emocional 4. Sabedoria
I. Título.

24-217440   CDD 152.4

Índice para catálogo sistemático:
1. Psicologia aplicada 152.4

Eliane de Freitas Leite — bibliotecária — CRB-8/8415

Todos os direitos reservados à:
Buzz Editora Ltda.
Av. Paulista, 726, Mezanino
CEP 01310-100, São Paulo, SP
[55 11] 4171 2317
www.buzzeditora.com.br

TIAGO BRUNET

Emoções inteligentes

GOVERNE SUA VIDA EMOCIONAL
E ASSUMA O CONTROLE DA SUA EXISTÊNCIA

PARA QUEM É

Você já perdeu amizades e relacionamentos por falta de **MATURIDADE?**

Já perdeu um emprego ou um bom negócio por falta de **PACIÊNCIA?**

Já se enrolou financeiramente porque não teve **AUTOCONTROLE?**

Sua vida conjugal já foi afetada por falta de **EMPATIA,** por não se colocar no lugar do outro?

ESTE LIVRO?

Tem problemas na criação
dos filhos porque se vê numa
REPETIÇÃO hereditária?
Ou seja, faz com seus filhos o
que seus pais fizeram com você?

Se você disse **SIM** a uma dessas
perguntas, este livro é pra você!

Não deixe para depois a
mudança pessoal que você pode
provocar **AGORA**!

E tenho certeza de que, aqui,
encontrará informações e dicas
para que consiga evoluir em
todos os aspectos de sua vida.

Boa leitura e uma excelente vida.

11 INTRODUÇÃO

PARTE 1

DESENVOLVA SUA INTELIGÊNCIA EMOCIONAL

17 CAPÍTULO 1 **O que é gestão emocional**

22 CAPÍTULO 2 **Treine-se emocionalmente**

43 CAPÍTULO 3 **Criando uma rota emocional para sua vida**

Autoconhecimento • Relacionamento interpessoal • Sensibilidade para reconhecer emoções • Automotivação • Autocontrole

57 CAPÍTULO 4 **Treinando o domínio das suas emoções**

A falta de autocontrole • Egoísmo, um grande problema • Ter empatia é essencial

69 TAREFA EXERCÍCIOS PARA O DESENVOLVIMENTO DE SUA INTELIGÊNCIA EMOCIONAL

PARTE 2

POTENCIALIZE A SUA INTELIGÊNCIA EMOCIONAL

75 CAPÍTULO 5 **O poder do autoconhecimento**

Como terminará sua vida? • Identidade

• Desenhando seu novo layout

100 CAPÍTULO 6 **Descubra o que você quer da vida**

Descobrindo o que você realmente quer

• Comportamento, temperamento e crenças limitantes

122 CAPÍTULO 7 **As três bases da inteligência emocional**

Motivação • Autocontrole • Empatia

129 CAPÍTULO 8 **Dor, medo, frustração e perda: como lidar**

Não desista • Os inimigos no caminho para o sucesso

• Dor e superação

142 TAREFA EXERCÍCIO PARA POTENCIALIZAR SUA INTELIGÊNCIA EMOCIONAL

PARTE 3

GOVERNE A SUA VIDA COM INTELIGÊNCIA EMOCIONAL

147 CAPÍTULO 9 **Quem decide: você ou seus sentimentos?**
Aceitação, uma necessidade do ser humano • Assuma o controle • Para a decisão, a razão

159 CAPÍTULO 10 **Eleve o padrão que influencia sua vida**
Nossos principais padrões • Atraindo as pessoas corretas para seu convívio

166 CAPÍTULO 11 **Ideia Central Permanente: seu propósito de vida**
O autoexame é fundamental • Fortaleça seu propósito • Vencendo grandes desafios com propósito

174 CAPÍTULO 12 **Inteligência emocional e financeira**
Lidando com os problemas

179 TAREFA EXERCÍCIOS PARA GOVERNAR SUA INTELIGÊNCIA EMOCIONAL

181 TRANSFORMAÇÃO **Conquiste sua nova vida**

As armadilhas da mente,
os traumas do passado,
as pessoas tóxicas que
cruzam nosso caminho,
as nossas inseguranças e
confusões mentais,
tudo isso atrapalha a nossa
gestão emocional
e a conquista da felicidade.

Nosso objetivo com este livro
é fazer você prosperar
emocionalmente;
afinal quem não domina
suas emoções primeiro
não consegue governar
outras áreas da vida!

@tiagobrunet

INTRODUÇÃO

Neste livro, falarei sobre o principal fundamento de uma vida bem-sucedida.

Não afirmo isso com base em um pensamento clássico de livros de psicologia positiva, *coaching* ou neurolinguística, e sim em conhecimento empírico. Nessa matéria fui treinado na dura escola da existência.

Fracassei quando não tinha excelência nas emoções. Venci quando aprendi a usá-las com a minha fé.

Acredite! Este livro será como um "professor de vida" que você nunca teve. Descobri — e posso provar — que a gestão das emoções é uma chave poderosa para abrir a porta que nos leva a uma vida abundante independentemente de como é a sua realidade atual.

A Sabedoria Milenar chama de "fruto do Espírito" (Gálatas 5:22) o que a ciência hoje chama de inteligência emocional. Mansidão, domínio próprio e temperança são alguns exemplos. Espiritualidade e autocontrole andam de mãos dadas.

A verdade pura e simples é que somos seres emocionais e, se não aprendermos a lidar com nossas emoções, jamais seremos completos. Quem não governa a si mesmo não pode governar mais nada, pois vai derrapar nos relacionamentos, no trabalho, nos desafios do dia a dia.

Nos últimos anos, tenho treinado e oferecido mentoria a milhares de pessoas no Brasil e no mundo. Este tem sido o meu compromisso diário e incansável: ajudar aqueles que enfrentam profundas mazelas emocionais a entender que há solução para tudo. Sim, é possível superar dificuldades e sofrimentos!

Pense:

- Se perdas e frustrações são inevitáveis em nossa caminhada aqui na terra, por que não estamos preparados para elas?
- Se sabemos que, ao não perdoar quem nos feriu, humilhou ou abandonou, ficaremos piores do que essa pessoa, por que não fazer uma ligação agora e acabar com o sofrimento?

QUER SABER A RESPOSTA?

Orgulho, culpa e medo.

Costumamos somar a complexidade negativa de nossos pensamentos com inúmeras desculpas e, sem perceber, nos afastamos da felicidade. Passamos a viver em um círculo vicioso repleto de angústias.

Com o objetivo de ajudar você a despertar todo o seu grande potencial, vou discutir neste livro assuntos-chave como autoconsciência, empatia, ressignificação das dores e responsabilidade, para que você controle as rédeas da sua vida.

Desejo que, por meio desta obra, a sua vida seja consideravelmente transformada nos aspectos emocional, financeiro e espiritual.

Paz e prosperidade.

TIAGO BRUNET

Governe suas
emoções, e sua vida
será transformada.

@tiagobrunet
EMOÇÕES INTELIGENTES

PARTE 1
DESENVOLVA SUA INTELIGÊNCIA EMOCIONAL

CAPÍTULO 1

O que é gestão emocional

Você se lembra do teste de quociente de inteligência (QI) que a gente fazia para conhecer nosso nível de inteligência cognitiva ou para saber se tínhamos alguma dificuldade de aprendizado? Lembra-se disso? Pois bem, esse teste indicava apenas um dos tipos de inteligência que um ser humano pode ter. Daniel Goleman, um psicólogo renomado, Ph.D. em Harvard, uma das principais universidades do mundo, descobriu que apenas 20% do sucesso de uma pessoa está ligado à sua inteligência cognitiva, ou seja, à parte intelectual. Você sabe a que ele atribui os outros 80% de sucesso? Dos fatores elencados pelo autor (como os relacionados às condições familiares, ambiente etc.), destaca-se a *inteligência emocional*!*

Considero a gestão das emoções um dos pilares da nossa vida. É um tema fascinante que amo discutir; também procuro ensiná-lo e compartilhá-lo com o maior número de pessoas possível.

E eu não estou sozinho! O trabalho pioneiro de Goleman no campo da inteligência emocional vem se tornando cada

---

* GOLEMAN, Daniel. *Inteligência emocional*: a teoria revolucionária que redefine o que é ser inteligente. Rio de Janeiro: Objetiva, 2011.

vez mais relevante e estudado à medida que se compreende que, para ser feliz, saber lidar com as próprias emoções e com as dos outros é tão importante quanto ter um currículo atraente para o mercado de trabalho. Nos dias atuais, o sucesso não é mais medido apenas pela trajetória profissional de uma pessoa, mas também por seu desenvolvimento e liderança emocionais. As empresas estão preferindo bons seres humanos a bons currículos.

Ninguém mais quer conviver com pessoas insuportáveis e tóxicas. O mercado de trabalho não tem mais espaço para quem não sabe lidar com colegas e parceiros, não sabe se colocar no lugar do outro, não sabe crescer nas emoções, não sabe resolver problemas difíceis.

"Mas, Tiago", talvez você me diga, "alguns obstáculos são grandes demais para mim! Não consigo fazer nada para superá-los!". Ao pensar assim, você apenas *foge*. Pense: por que você não enfrenta os transtornos da sua vida? Porque não tem inteligência e gestão emocional desenvolvidas o suficiente. Mas, uma vez que aprenda a dominá-las, *você terá ferramentas para resolver diversos problemas*. Eu garanto!

Se analisar a história, principalmente na Bíblia, perceberá que só alcançaram níveis altos de sucesso e de liderança aqueles que souberam resolver situações difíceis. É a Sabedoria Milenar que nos diz isso. Como é possível crescer na vida se não resolve suas adversidades? E pior: como vai crescer se não as encara?

Vamos pensar: por que você vive fugindo? Porque tem medo. E por que você tem medo? Porque não sabe lidar com o que sente. E por que você não sabe lidar com as suas emoções? Porque nunca procurou estudar, praticar e aprender sobre elas.

Inteligência emocional é *adquirida*, é *treinada*, é *desenvolvida*. Ela não nasce com você, não é inata. O intelecto, a capacidade cognitiva, a capacidade intelectual, nasceram com você. O que pretendo mostrar é que todos somos ensinados desde o nascimento a aprender conteúdo, a falar, a escrever, a fazer contas, a conhecer a História etc. Contudo, não nos ajudam a aprender a lidar com as nossas emoções. Se fizéssemos uma analogia com um carro, diríamos que a capacidade cognitiva é um item de fábrica para o *Homo sapiens*. Mas o poder de gerir sua vida emocional não é. Precisamos fazer esforço extra para alcançar esse domínio.

Dando sequência à metáfora do carro, houve uma época em que *airbags* eram itens opcionais caros. Após ter sido comprovada sua grande importância para a manutenção da segurança do condutor e dos passageiros, porém, eles se tornaram itens *obrigatórios*.* O mesmo acontece com a inteligência emocional. Não podemos mais ignorá-la, porque sabemos do seu grande poder. Ao desenvolver essa área, as pessoas podem se tornar mais capazes de conduzir a própria vida e de tomar decisões mais acertadas. Sem a inteligência emocional, continuarão sofrendo.

Conhecer e dominar suas emoções é exercer gestão emocional. Quando você domina suas emoções, entende e avalia cada sentimento dentro de você antes de reagir, o que amplia o número de possibilidades positivas na hora da tomada de decisão e, assim, torna você capaz de ter uma atitude mais sábia e assertiva diante de qualquer situação.

Em minha experiência como mentor de vida, tenho diversos *cases* de pessoas que perderam empregos fantásticos por falta de gerenciamento emocional. Elas não souberam como lidar com o chefe, nem souberam como lidar com um colega difícil, nem sequer conseguiram desempenhar bem suas funções devido à pressão das metas ou de outras situações. Algumas dessas pessoas podiam até ser consideradas

---

* BRASIL. Conselho Nacional de Trânsito. Resolução nº 311 de 03/04/2009. *Diário Oficial da União*, Brasília, 7 abr. 2009.

A inteligência emocional é o *airbag* que mantém seu intelecto seguro diante das dificuldades.

@tiagobrunet
EMOÇÕES INTELIGENTES

a "pedra no sapato" de uma equipe: reclamões, faladores, vingativos, fofoqueiros, verdadeiros exterminadores da felicidade alheia. Apesar dos currículos maravilhosos, eram insuportáveis de se conviver, intragáveis!

Lembre-se: para você ser feliz, a gestão das emoções vale mais do que ter um alto nível cognitivo, mas, para prosperar profissional e financeiramente, você precisará unir a inteligência emocional à cognitiva.

CAPÍTULO 2

Treine-se emocionalmente

Se você tem contato com os ensinamentos bíblicos, já deve ter ouvido falar muito em *domínio próprio*, que nada mais é do que aquilo que a inteligência emocional acadêmica chama hoje de *autocontrole*. Veja, o mesmo conhecimento já estava disponível na Bíblia, apenas com um nome diferente!

Um dos princípios básicos da gestão das emoções é o autocontrole, uma vez que capacita uma pessoa a dominar as próprias emoções e evita que ela entre em apuros por ter reações impensadas. É como se alguém me cortasse no trânsito, xingasse a minha mãe e, mesmo assim, eu continuasse a dirigir como se nada tivesse acontecido.

E mais: pelo autocontrole, é possível passar para um segundo pilar fundamental da inteligência emocional, a *empatia*. Com empatia, posso me colocar no lugar do outro e ponderar que o motorista que me cortou estava nervoso ou talvez estivesse muito atrasado para um compromisso importante ou ainda vivesse infeliz com alguma situação de sua própria vida; daí seu comportamento imprudente e agressivo.

Não parece coisa de maluco? Parece, sim! No entanto, agir dessa maneira é o segredo para a felicidade. Simples as-

Autocontrole e empatia são pilares da felicidade e andam na contramão de como a sociedade espera que reajamos às situações.

@tiagobrunet
EMOÇÕES INTELIGENTES

sim. É o segredo para ser não apenas um bom profissional, um bom pai ou uma boa mãe, mas alguém que vai prosperar financeiramente e em todas as demais áreas da vida.

Ser feliz pode parecer algo inatingível porque a felicidade é flutuante. Ninguém é capaz de estar feliz o tempo todo, afinal vivemos em um mundo em constante mudança, em uma sociedade injusta, além de termos de lidar com acontecimentos inesperados. Se você desenvolver um nível emocional excelente, porém, saberá como lidar com os problemas que surgirem e com as pessoas difíceis, saberá tomar decisões sábias e assertivas.

Mas como podemos tomar decisões corretas se nossas emoções estão contaminadas pelos cinco sentidos? O que isso quer dizer? É fácil: nossas emoções são construídas pelos nossos sentidos, em especial a *audição* e a *visão*.

Vamos aos exemplos. Vemos algo que achamos bonito e nos apaixonamos. Vemos algo que achamos injusto e nos revoltamos. Escutamos alguém falar mal de nós ou de alguém querido e ficamos com raiva. Escutamos uma bela canção e nos sentimos mais leves. Como seres humanos, os sentidos são estímulos capazes de despertar nossas emoções. Por isso, cuidar do que se vê, do que se lê e do que se escuta é de extrema importância.

Depois de sofrermos uma forte onda emocional, é quase impossível tomar uma decisão importante de maneira correta. As emoções gritam e emudecem a razão! Você não age, apenas reage. É a famosa luta entre o lado esquerdo do cérebro (a razão) e o lado direito (a emoção). Tratarei dessa luta mais adiante.

O "x" da questão é: hoje você é o resultado das escolhas que fez ontem. Somos fruto do que plantamos. Por isso, saber tomar decisões assertivas, com o mínimo de excessos emocionais, é essencial para nossa sobrevivência. E para fazer isso, é preciso *treinar*.

Quantas escolhas equivocadas você já fez? Quantas decisões precipitadas já tomou? Lembre-se: **o destino respeitará suas escolhas.**

É certo que não consigo prever o futuro, mas posso garantir que você terá de conviver com muitas pessoas difíceis no decorrer de sua vida. Inclusive, aposto que você já convive. Acertei?

Se você ainda não teve essa oportunidade, não tenha pressa, sua vez chegará! Os conflitos de relacionamento nos âmbitos profissional, social e familiar provêm de vários lados, alguns são resultado de simples diferenças de opiniões, outros de personalidades ou valores distintos, mas todos revelam que temos poucas ferramentas para lidar com o outro. Como explico no meu livro *Especialista em pessoas**, pessoas sempre existirão em nossa vida, não é possível evitá-las. Nessa obra, cito, inclusive, que "Lidar com pessoas não é tarefa fácil. Verdadeiramente, é um desafio!".** Assim, se quisermos ser felizes, temos de aprender a lidar com elas, mesmo com as que consideramos mais difíceis.

É importante termos a compreensão de que não podemos jogar a responsabilidade de nossa felicidade para algo externo (como os outros). Ao mesmo tempo, também precisamos entender que, para sermos felizes, dependemos de fatores internos (como as nossas decisões e motivações).

A governança das nossas emoções, ou seja, a gestão emocional, nada mais é do que aquilo que a sabedoria bíblica chama de "fruto do Espírito". Ou seja, mansidão, domínio próprio e temperança (Gálatas 5:22). O sábio Salomão nos ensina sobre isso em um dos livros bíblicos chamados de Livros de Sabedoria. Ele afirma em uma passagem: "A resposta branda desvia o furor" (Provérbios 15:1).

---

* BRUNET, Tiago. *Especialista em pessoas*: soluções bíblicas e inteligentes para lidar com todo tipo de gente. São Paulo: Planeta, 2020.

** Idem ibidem, p. 116.

Para alcançarmos o autocontrole, temos de adquirir e exercitar as técnicas da inteligência emocional aliadas à Sabedoria Milenar. Assim, conseguiremos lidar com situações controversas e com pessoas que consideramos difíceis.

Acostume-se a isso e saiba superar as diferenças interpessoais. Não se esqueça de que cada pessoa tem:

- manias diferentes;
- criação diferente;
- cultura diferente;
- personalidade diferente;
- interpretação do mundo diferente (filtros mentais) etc.

Cabe aqui uma explicação acerca dos filtros mentais. Você já ouviu falar em Vila Kosmos? É um bairro violento do Rio de Janeiro, localizado ao pé do Morro do Juramento, na zona norte, e era o território do famoso traficante Escadinha.* Eu fui criado lá. E você, onde foi criado? Qual é o nome do bairro em que você cresceu?

A resposta para essa e outras perguntas sobre o passado de cada pessoa nos leva a perceber que os indivíduos têm histórias próprias. Se fizermos uma série de perguntas iguais para irmãos gêmeos idênticos adultos, para algumas delas, teremos respostas diferentes. Consegue imaginar como é em meio a uma multidão? Provavelmente nossa criação foi diferente, e isso por si só nos faz ver o mundo de maneiras distintas. Nossa origem, porém, não determina nosso futuro. Eu sou um exemplo dessa verdade.

A forma como você foi criado não define o futuro que você vai alcançar. Sim, ela exerce certa influência, mas não é um fator determinante. É comum vermos as pessoas terceirizarem a culpa:

* José Carlos dos Reis Encina (1956-2004), o Escadinha, foi um dos fundadores do Comando Vermelho (CV), facção criminosa criada no final da década de 1970.

"A culpa é porque sou pobre!"

"A culpa é do meu pai que me abandonou!"

"A culpa é de Deus que não gosta de mim!"

"A culpa é do 'fulano', que me traiu!"

Claro, é muito mais fácil terceirizar a culpa do que assumir a responsabilidade pelo seu futuro e dizer: "Eu mudo hoje e colho amanhã". E de fato começar a mudança.

Todos temos filtros mentais por meio dos quais compreendemos o mundo. Esses filtros, ou maneiras de enxergar a nós mesmo e ao mundo, são uma das ferramentas da inteligência emocional que contribui para determinar nosso nível de felicidade e nossa energia emocional para alcançar os objetivos. Mesmo que meus filtros tenham sido impactados por toda a minha história e por diversos fatores que me rodeiam, *não importa de onde eu vim nem o que fizeram comigo,* o que importa é o que eu vou fazer com essas informações.

Como bem disse o filósofo francês Jean-Paul Sartre, você não escolhe sua origem, não decide o que farão contra você; a única coisa que pode escolher e decidir é como vai reagir a isso. A única coisa sobre a qual pode ter controle é o que fará a partir de agora.

Para que seja possível controlar suas reações, você precisará treinar emocionalmente.

Todo mundo tem um grande sonho na vida. Às vezes, as pessoas têm sonhos tão grandiosos que nem sequer conseguem falar a respeito, pois parecem insanos. Mas a verdade é que apenas sonhar não torna algo real.

Então, como você acha que é possível realizar seus sonhos sem inteligência emocional? Sem aprender a se colocar no lugar dos outros? Como conseguirá realizá-los se não deixar para trás as pessoas que vão feri-lo no decorrer da jornada? Ou você tem a ilusão de que somente encontrará pessoas que lhe farão bem? Você acha que só receberá elogios? Posso garantir que não.

Seu passado não define o seu futuro. Suas escolhas é que o determinam.

@tiagobrunet

EMOÇÕES INTELIGENTES

Além de ter de lidar com as pessoas que surgirem no seu caminho até a realização de suas metas, muitas vezes você vai ter de lidar com quem o feriu em ocasiões anteriores e com quem não gosta de você de maneira gratuita. Em vez de demonstrar revolta e de se afastar, você precisará aprender a lidar com a situação.

É isso que os campeões fazem. É assim que se chega longe na vida. É assim que se prospera no emprego. É assim que se prospera financeiramente. É assim que você equilibra a sua vida profissional com a pessoal.

Desejo que a oportunidade de ler este livro gere em você um *insight*, um clique na cabeça, e que o leve à conclusão: além de ter preparo intelectual e uma fé inabalável, preciso ter emocional apto para alcançar meus objetivos e ser feliz.

Considere mais uma verdade: se não estivermos preparados, por mais que conquistemos algo, será uma "vitória" que trará sofrimento. Isso acontecerá porque não vamos saber lidar com as contrariedades que cada nível da nossa existência nos traz. Muitos bilionários têm sérios problemas para resolver. Quem trabalha com saúde mental, como um psiquiatra, também adoece emocionalmente. E eu poderia citar inúmeros outros exemplos.

O treinamento da vida emocional deve ser constante. É como ir à academia para fortalecer e definir o corpo: não basta treinar alguns meses e achar que conquistou seu objetivo; é preciso praticar sempre. Não se esqueça de que você só pode treinar aquilo que reconhece que precisa de atenção. Se acredita que não precisa melhorar em determinada área, nunca se dedicará a ela. É preciso identificar para mudar!

Se você ainda não se conhece com profundidade, terá de estudar com afinco, conhecer suas debilidades e suas fortalezas, e começar a treiná-las. A análise de seus pontos fortes e

Não importa o que fizeram de mim, o que importa é o que eu faço com o que fizeram de mim.

Jean-Paul Sartre*

@tiagobrunet
EMOÇÕES INTELIGENTES

SARTRE, Jean-Paul. *O existencialismo é um humanismo.* 4. ed. São Paulo: Vozes, 2014.

fracos deve ser constante, pois, num mundo em que as transformações acontecem sempre e rápido, se sua inteligência emocional não estiver fortalecida, você pode se perder.

O primeiro passo você já deu. Está com este livro em mãos porque enxerga que o conhecimento sobre inteligência emocional vai contribuir para seu desenvolvimento e vai unir o que há de melhor na sua vida: sua fé, sua família e seus amigos.

Entenda, também, que prosperidade financeira sem gestão emocional é sinônimo de fracasso. Quem não consegue governar seu emocional e ganha muito dinheiro em pouco tempo fica perdido.

Alguns parecem perder até a humanidade por ter dinheiro no bolso e chegam a abandonar a própria família. Isso pode ser explicado pela sensação de poder, falta de valores definidos e uma falsa sensação de "agora posso tudo". Verdadeiras armadilhas da mente fazem as pessoas se entregarem irracionalmente aos prazeres e destruírem suas virtudes.

Certa vez, na fila da lotérica para pagar uma conta, bem na véspera do sorteio de um grande prêmio acumulado da Mega-Sena, enquanto aguardava minha vez, ouvi histórias e sonhos de dois senhores idosos que estavam na minha frente:

— Então, você acha que desta vez sai?

— Desta vez eu tenho certeza! Eu tive uns sonhos com estes números...

— O que você vai fazer com o dinheiro se ganhar?

— Rapaz, se eu ganhar essa fortuna, a primeira coisa que vou fazer é largar aquela mocreia que está lá em casa.

Ele se referia à esposa com quem, possivelmente, estava casado há anos! É evidente que esse senhor não tinha maturidade espiritual nem governança emocional. Então, se ele recebesse muito dinheiro, esse seria o estopim para que sua destruição se tornasse completa.

Algumas pessoas dizem que o dinheiro e o poder corrompem. Isso não é verdade. O dinheiro e o poder apenas

O primeiro passo
para alcançar
uma mudança é
compreender que
há um problema.

@tiagobrunet
EMOÇÕES INTELIGENTES

potencializam o que a pessoa já tem dentro de si. Com cinco reais no bolso não é possível "tirar onda", nem largar a mulher que cozinha para você, que lava as suas roupas. O problema, então, é quando uma pessoa conquista dinheiro, mas ainda não cresceu por dentro, pois todas as suas atitudes serão de gente pequena.

O motivo de quase todas as pessoas almejarem a riqueza está ligado às conquistas materiais: viajar de primeira classe, dirigir um carro imponente, nunca mais receber ligações de cobrança etc. Essas pessoas só desejam ter dinheiro porque ou veem alguém mais bem-sucedido ou querem ter algo que ainda não puderam comprar.

Contudo, sem **programação emocional** para saber o que é ter dinheiro, elas nunca vão se sentir satisfeitas. Apenas desejam ter coisas, mas, na verdade, não querem desfrutá-las de fato; por isso, quando conseguem e alcançam o que almejavam, logo desistem do "brinquedo novo" e partem para o "sonho" seguinte. Na verdade, elas não queriam de fato ter, queriam apenas a sensação de ter algo. Sem maturidade e governança emocional, não é possível nem mesmo saber o que se quer da vida.

Além disso, sem preparação emocional, você não vai saber lidar com os problemas que, com certeza, aparecerão pelo caminho. E serão muitos! É quase impossível alcançar seus objetivos sem que nenhum "ataque" aconteça durante o percurso. Você acha que vai enriquecer, que vai prosperar na sua empresa, que vai ser um bom líder, um bom pai, uma boa mãe, sem enfrentar obstáculos e situações difíceis de resolver? Não vai, e garanto a você que o dia ruim chega para todo mundo.

Se você estiver mal emocionalmente, não adianta ganhar dinheiro, pois você continuará a ter problemas. No entanto, se você ganhar dinheiro e estiver com as emoções controladas, não vai cair. A questão toda é emocional: se você governar bem suas emoções, será muito difícil de algo o fazer cair.

Sua maturidade emocional será testada nos dias ruins. É importante prestar atenção à sua reação quando as pessoas estão contra você, quando dizem calúnias a seu respeito ou o irritam. É nesse momento que você define quem quer ser e que toma as decisões do seu futuro. É no dia ruim, no tempo da dificuldade que, se suas emoções estiverem destreinadas, pode errar e até mesmo sucumbir a um vício ou se tornar capaz de trair sua família.

Não se esqueça, porém, de que você é reflexo de todas as suas decisões: as certas e as erradas.

O QUE APRENDEMOS COM GESTÃO EMOCIONAL

SE VIVEMOS NOSSO PROPÓSITO DE VIDA

Certa vez, uma pessoa me perguntou: "Como descubro se estou vivendo o meu propósito de vida?". A resposta a essa pergunta é muito simples: se caírem 10 milhões de dólares na sua conta amanhã, você vai continuar a fazer o que faz hoje? Se a sua resposta for negativa, provavelmente você não está vivendo o seu propósito.

Ao ouvir a resposta que acabei de mencionar, outra pergunta me foi feita: "Você não mudaria?". Declarei que não. Não vivo por dinheiro. Se entrassem 10 milhões na minha conta amanhã, eu continuaria a escrever livros, a ministrar palestras e cursos, entre eles o Método Destiny, e a gravar o BrunetCast e o *Café com destino,* meu programa matinal no YouTube. Essas atividades não têm nenhuma relação com minhas finanças, mas com o motivo pelo qual estou nessa peregrinação terrena.

É certo que ter dinheiro me proporcionaria uma vida melhor, porque eu poderia ter algumas liberdades que não tenho hoje, mas nenhum montante viraria minha vida de cabeça

É a sua condição emocional que define se os seus recursos serão bênçãos ou maldições.

@tiagobrunet
EMOÇÕES INTELIGENTES

para baixo. Se o dinheiro mudar sua vida, significa que você não está vivendo o seu propósito. Se esse for o seu caso, você pode descobrir o seu propósito com inteligência emocional.

INIBIÇÃO CRUZADA

Outro processo que aprendemos com a maturidade e gestão emocional é o de *inibição cruzada*.* Trata-se de um conflito entre os dois hemisférios do cérebro, o esquerdo e o direito. Embora essa divisão seja bem mais complexa do que nos habituamos a acreditar, para efeitos didáticos podemos dizer que no lado esquerdo do cérebro reside nossa parte matemática, a parte das decisões, a parte da razão, a do intelecto, e no lado direito está a parte ilustrativa, das artes, da filosofia, do pensamento, a parte lúdica do ser humano.

A inibição cruzada acontece quando ocorre um conflito entre a razão e a emoção. Um exemplo é quando você está querendo perder peso, mas sente-se tentado a comer um hambúrguer ou uma coxinha de frango com requeijão. O lado racional, aquele lado pragmático do "dois mais dois são quatro", sabe que, para emagrecer, o melhor é comer aquela saladinha com tomate e não sair da dieta estipulada. Mas o outro lado, o lado do prazer, o lado lúdico, lhe diz que o hambúrguer é tão gostoso, a coxinha está tão boa... Assim começa a inibição cruzada, a guerra das decisões.

Isso não acontece somente quando temos de escolher o que comer, mas em tudo na vida, desde situações simples do cotidiano até as que podem ter um grande impacto no futuro: com que tipo de pessoa fazemos amizades, se devemos ou não ir a determinado lugar... Temos de lidar com a ini-

---

* CHOPRA, Deepak. *Você tem fome de quê?: A solução definitiva para perder peso, ganhar confiança e viver com leveza.* São Paulo: Alaúde, 2014.

bição cruzada a todo momento, mas apenas perceberemos essa verdade quando tivermos encontrado o equilíbrio entre emoção e razão, a inteligência emocional.

Quantas pessoas não foram feridas porque tiveram uma reação extrema durante um assalto ou uma briga de trânsito, apesar de saber que o mais razoável era manter o sangue frio? Quantas pessoas não perderam negócios porque disseram o que não deviam? Sem *autocontrole*, ou seja, domínio próprio, a pessoa torna-se uma forte candidata a cair.

O CORPO SENTE

Responda às perguntas a seguir com sinceridade:

- Você já se sentiu muito cansado ao acordar, mesmo depois de uma noite de sono?
- Já teve dores musculares sem motivo e acordou todo travado?
- Já sofreu por antecipação?
- Já se irritou por qualquer coisa?
- Já teve insônia, dificuldade para dormir ou ficou virando de um lado para outro na cama sem encontrar uma posição confortável?

Se pelo menos duas das suas respostas foram "sim", é essencial que você dê atenção a seu corpo, pois esses são sintomas de quem está sofrendo com o que Augusto Cury chamou de "síndrome do pensamento acelerado".* Essa síndrome antecede a ansiedade crônica e vai gerar grandes problemas para a sua saúde física e mental. Se o seu emo-

* CURY, Augusto. *Ansiedade: como enfrentar o mal do século*. São Paulo: Saraiva, 2014.

Quando uma pessoa vive seu propósito, nada a desvia, nem mesmo uma grande quantidade de dinheiro.

@tiagobrunet
EMOÇÕES INTELIGENTES

cional se desestabiliza, o corpo expressa esse desequilíbrio por meio da *somatização*.

Já foi provado pela ciência que alguns tipos de câncer podem ser potencializados quando pessoas estão sob cólera constante, angustiadas por anos por um problema emocional.* Quando você não tem o domínio das suas emoções, seus sentimentos começam a enclausurar você, fazendo o corpo sofrer.

Muitas pessoas me questionam se é mesmo possível dominar minhas emoções, uma vez que é inevitável senti-las. Para reforçar seu ponto de vista, afirmam: "Não tenho como sentir amor por alguém que acabou de me dar um tapa no rosto". Nesses casos, sempre respondo que é possível, sim, com *treinamento*. Para ser bom em qualquer coisa na vida, é preciso treinar. Mesmo que você tenha nascido com um dom (por exemplo, o da música), são necessárias horas e horas de prática para se tornar excelente e se destacar. A vida real não é fácil!

Todo ser humano precisa de treinamento se quiser avançar, não importa em que área; do contrário, a pessoa sempre vai continuar no mesmo nível em que está. Isso também vale para as emoções. Se você não as treinar, vai continuar cansado. Se não fizer exercícios com regularidade, vai continuar com dor muscular. Se não cuidar do seu emocional, vai continuar preocupado e vai sofrer por antecipação ainda que cerca de 85% das suas preocupações nunca se concretizem.**

---

* Cf., por exemplo, ROBERTS, Andrea L. et al. Multiple Types of Distress Are Prospectively Associated with Increased Risk of Ovarian Cancer. *Cancer Medicine*, [S.l.], v. 12, n. 14, pp. 15404-13, jun. 2023.

** Resultado de estudo realizado e relatado em LEAHY, Robert L. *Como lidar com as preocupações*: sete passos para impedir que elas paralisem você. Porto Alegre: Artmed, 2007. Estudo mais recente indica uma porcentagem ainda maior de preocupações que não se realizam (91%). Cf. LAFRENIERE, Lucas S.; NEWMAN, Michelle G. Exposing Worry's Deceit: Percentage of Untrue Worries in Generalizes Anxiety Disorder Treatment. *Behaviour Therapy*, [S.l.], v. 51, n. 3, pp. 413-23, jul. 2019.

Um tempo atrás, eu estava ministrando uma palestra em Vitória, no Espírito Santo, quando me senti mal. Tive de ser levado para o pronto-socorro e fiquei preocupado. Pensei: "Meu Deus do céu, o que será isso?". No hospital, fui atendido por uma médica muito boa que me examinou e disse:

— Eu até já sei o que é. Vou pedir os exames só por precaução. É a suprarrenal.

— Meu Deus do céu, o que é suprarrenal?

— Você com certeza está num ciclo ativo de muita adrenalina. Está fazendo coisas que exigem muito o estado de alerta.

— É, tem razão! Todos os dias! — exclamei.

— Como assim todos os dias?

— Todos os dias! Praticamente todo dia eu dou uma palestra ou um curso em algum lugar diferente.

— Você pega muito avião?

— Praticamente todos os dias.

— Então está aí o problema!

A médica me explicou que a suprarrenal é uma glândula que libera uma substância denominada cortisol, conhecida como "hormônio do estresse", que atua como estimulante para deixar o organismo em estado de alerta ou de fuga. Quando se está sob ameaça — o animal e também o ser humano —, a suprarrenal libera uma alta quantidade de cortisol, que deixa o organismo preparado caso seja necessário correr muito mais do que o normal.

Você já viu bandido fugir da polícia? Ele pula muro de três metros com facilidade! Nem mesmo um campeão olímpico é capaz de conseguir fazer isso sem treino. A resposta está na liberação do cortisol. Agora, imagine uma pessoa em estado de alerta o dia todo, todos os dias. Uma hora, ela pifa. É possível evitar essa condição com treino constante. Se não treinarmos, o corpo pode achar que está entrando em situações difíceis, que está em perigo.

Um problema comum às pessoas que não têm inteligência emocional é não saber dizer "não". A pessoa se enrola, empresta dinheiro, dá carona, faz um monte de coisas que a tira do eixo. No entanto, bastaria que ela dissesse "não". Quem não sabe dizer "não" sofre muito. E o que ajuda a dizer não? Acredito que você respondeu: inteligência emocional, e está certo! Nos dias atuais, não falta informação sobre o tema; portanto, não dê desculpas: GOVERNE SUA VIDA EMOCIONAL, ASSUMA O CONTROLE DE SUA EXISTÊNCIA.

Ao longo de todo este capítulo, demonstrei a importância de se ter inteligência emocional. Agora que você já sabe como identificar os sinais e efeitos de quando as emoções estão desequilibradas, precisa aprender a treiná-las e a traçar uma rota para dominá-las. É um grande passo adiante para que você assuma o controle do que sente e tenha uma vida muito melhor.

Para conquistar tudo que é bom, é preciso treinar.

@tiagobrunet
EMOÇÕES INTELIGENTES

CAPÍTULO 3

Criando uma rota emocional para sua vida

Problemas são inevitáveis! Chegam a todo momento e quando você menos espera. Saber lidar com situações negativas pelo caminho sem deixar que elas o prejudiquem além da conta é o primeiro passo para traçar uma boa rota emocional em sua vida. Ao gerenciar suas emoções, você terá ferramentas para resolver seus problemas.

Problemas foram feitos para serem resolvidos no dia em que surgem. *Jamais* deixe para amanhã o que você pode resolver hoje. É *impossível* crescer na vida se você não resolver seus problemas.

Aliás, se estudarmos os exemplos da História mundial e da Bíblia, encontraremos os casos de José do Egito e de Daniel. Tanto um como outro solucionaram problemas que ninguém mais conseguiu. Mesmo sendo estrangeiros e escravos, assumiram o governo de sua região.

Em vez de fugir dos problemas, encontre a oportunidade existente em cada um deles. Você só se destaca quando soluciona algo que ninguém mais conseguiu. Quem tem emoções saudáveis enfrenta as dificuldades, a fim de crescer e amadurecer, nunca para sofrer! Problemas são treinamentos, não impedimentos, na vida de quem é forte emocionalmente.

Por outro lado, desistir é um reflexo de esgotamento emocional. Ninguém com plena energia psíquica pensa na possibilidade de desistir. É simples entender: recarregar as energias emocionais é o caminho para não ser um covarde, não ser um desistente! O segredo do sucesso está em nunca parar. Já sabemos por inúmeros exemplos do mundo corporativo, empresarial e esportivo que a diferença entre quem venceu na vida e todos os outros foi a capacidade de não desistir, a habilidade de sempre encontrar ou traçar caminhos que os ajudassem a transpor obstáculos!

Steve Jobs (1955-2011) fundou a Apple. Em determinado momento, ele decidiu que, para a empresa continuar a crescer, era preciso trazer um CEO de fora, alguém do mercado corporativo. Ele decidiu contratar o então presidente da PepsiCo, John Sculley (1939-), para assumir o comando da jovem fabricante de computadores. Pois bem, poucos anos depois, esse CEO conseguiu fazer com que Jobs fosse demitido de sua própria organização.*

Você consegue imaginar como seria o mundo hoje se Steve Jobs tivesse entregado os pontos quando foi demitido da Apple? Até o rumo da Pixar, o estúdio de animação responsável por sucessos como *Divertida Mente*, *Toy Story* e *Procurando Nemo*, teria sido muito diferente.

Outro exemplo foi Nelson Mandela (1918-2013). O que aconteceria se esse grande líder tivesse perdido as esperanças quando ficou preso por décadas? E se Martin Luther King Jr. (1929-1968) tivesse desistido após ter sido tantas vezes preso e humilhado? A luta pela igualdade racial nos Estados Unidos, na África do Sul e em todo o mundo teria sido bem diferente.

---

* A trajetória de Jobs, inclusive o episódio de sua demissão da Apple, foi narrada em sua biografia autorizada. Cf. ISAACSON, Walter. *Steve Jobs: A Biografia*. São Paulo: Companhia das Letras, 2011.

Quem sabe gerenciar suas emoções nunca pensará em parar na metade do caminho. E quem tem destino profético alinhado a essa força sabe exatamente para onde caminhar e por quê.

Você conhece pessoas que começam a fazer algo e nunca terminam? E quem deixa para amanhã o que poderia fazer hoje? A procrastinação e a postura de não terminar o que começou são indícios de um futuro determinado por desistências. Você tem de sair desse círculo vicioso e traçar estratégias para alcançar o seu destino.

Cuide das sementes que você lança na terra hoje, e os frutos por certo nascerão. E lembre-se de que, para se ter uma boa colheita, não basta plantar as sementes, é preciso adubar a terra, regar as plantas, cuidar da plantação. O mais importante de tudo é: não espere colher morangos se você plantou abacaxis.

Essa premissa também é válida para a inteligência emocional. Mas, nesse caso, em vez de arar e adubar a terra, aguar as plantas, e por aí vai, você precisará ter cinco características que o ajudarão a criar uma rota emocional edificante para a vida e a nela permanecer: autoconhecimento, relacionamento interpessoal, sensibilidade para reconhecer suas emoções e as de outras pessoas, automotivação e autocontrole. Vou desenvolver cada uma delas a seguir.

AUTOCONHECIMENTO

Considero o autoconhecimento um dos aspectos mais importantes para a conquista da inteligência emocional. Tudo gira em torno de você saber quem você é.

Muitas pessoas não conseguem responder quando questionadas sobre o que realmente querem, pois consideram a pergunta difícil. Algumas acham que queriam um carro do

Em vez de pensar em fugir de problemas, veja a oportunidade que há em cada um deles.

@tiagobrunet
EMOÇÕES INTELIGENTES

ano e, quando compram um em 72 prestações, descobrem que aquilo não "tapava o buraco" de sua alma. Ainda assim, a conta se arrastará por anos. E a dívida é um dos maiores sugadores da boa gestão emocional.

Sem saber gerir as emoções, não vamos descobrir o que queremos de verdade, pois fantasiamos nossas vontades de acordo com nosso equilíbrio ou desequilíbrio emocional. Descobrir quem você é (identidade) e para onde vai (destino) só é possível se houver harmonia entre inteligência emocional e espiritual.

Graças ao fato de eu saber quem sou, conheço meus limites. Sei quais problemas consigo resolver sozinho e quais demandam ajuda, seja ao consultar meus conselheiros ou meus mentores, para adquirir força, seja ao enfrentar a situação e depois tomar a direção certa.

O autoconhecimento também ajuda muito no processo de escolha das pessoas com quem você vai caminhar, a definir os amigos que vai fazer. Também vai ajudá-lo a identificar suas debilidades e fraquezas; e, conhecendo-as, você será capaz de criar mecanismos para não as estimular, mecanismos para não as despertar, para não entrar em caminhos que o levarão a elas.

Outra vantagem do autoconhecimento é que ele facilita o caminho até o sucesso profissional. Hoje em dia, as empresas selecionam candidatos muito mais em função do nível de excelência emocional do que pelo currículo. Porque há pessoas com doutorado e toda a qualificação técnica que são insuportáveis, intratáveis. Não conseguem conviver com os colegas de trabalho.

Há algum tempo atendi uma senhora que estava casada havia mais de trinta anos. Perguntei-lhe qual era seu maior problema. Ela respondeu que era nunca saber, mesmo depois de trinta anos de união, como seu marido reagiria a determinada notícia: "A cada informação do dia a dia de casa que eu tenho de dar, ele reage de uma forma diferente. Ele é imprevisível, isso está me desgastando, está acabando comigo", reclamou ela, e estava certa. Ninguém consegue conviver bem com alguém imprevisível, que um dia acorda bem e no outro dia acorda mal; que um dia é romântico e no outro é um cavalo; que um dia diz que ama e no outro diz que vai sair de casa. A falta de inteligência emocional faz a pessoa falar muita besteira. E a falta de autoconhecimento é uma das razões para essa instabilidade, que afeta todos ao redor.

No entanto, o autoconhecimento pode ser alcançado com treino. Vou tratar de modo adequado do assunto na Parte 2. Neste momento, basta saber a importância de se conhecer, para que você comece a refletir se realmente sabe quem você é.

RELACIONAMENTO INTERPESSOAL

O relacionamento interpessoal bem-sucedido só acontece se você conhecer a si mesmo, pois relacionamento interpessoal é a forma como alguém lida com seus companheiros, superiores, colegas; a maneira como lida com seus iguais, com qualquer outra pessoa.

Observe como pessoas diferentes lidam de maneiras diversas em suas relações. Homens são muito diferentes das mulheres em vários aspectos. Em situações sociais, como um encontro de amigos ou de colegas do trabalho, as mulheres costumam convidar umas às outras quando se levantam para ir ao banheiro. Mesmo tendo se conhecido naquele mesmo dia, ali no restaurante, não há inibições. "Vamos!", é a resposta animada todas as vezes.

O homem, por sua vez, jamais convida outro homem para ir ao banheiro. As mulheres vão juntas e, às vezes, deixam a porta aberta, puxam assunto, conversam animadamente na frente do espelho. Já o homem entra no banheiro como se fosse um lugar perigoso, olha para os dois lados e fica em estado de alerta. E, mesmo que encontre com um amigo de longa data no banheiro, o cumprimento vai ser rápido e formal. "Beleza? Depois a gente se fala."

Certo dia, um faxineiro do banheiro do aeroporto de Congonhas, em São Paulo, foi o responsável por um dos ensinamentos mais importantes que recebi na vida. Não me canso de enfatizar isso porque, quando você sabe se relacionar, seja lá com quem for, aprende em diversas situações.

Quando entrei no banheiro do aeroporto, senti que havia uma sombra atrás de mim. Eu já estava me preparando para questioná-lo, sem pensar: "O que está acontecendo?". Mas acabei andando rápido até a cabine, e a sombra me acompanhou. Quando entrei na cabine, a sombra parou do lado de fora.

— Opa, o que é isso? — perguntei.

A sombra, na verdade, era o faxineiro do aeroporto, um senhor já de idade.

— Tô só esperando o senhor acabar aí — ele respondeu.

— Mas eu acabei de entrar! — exclamei.

— Sabe o que é? É que aqui tem muito movimento. Se eu não entro para limpar assim que você sai, já entra outro, e depois outro. E é muito mais difícil limpar a sujeira — na verdade, ele usou um outro termo — acumulada. Faz dez anos que eu limpo banheiros, então aprendi uma coisa: quando alguém entra, eu fico de prontidão para, logo em seguida, conseguir limpar rápido, porque aí fica muito mais fácil para o meu lado.

Faz todo o sentido! Eu aprendi com essa fala que toda sujeira, se acumulada, torna-se muito difícil de limpar. Então, é preciso limpar sujeirinha por sujeirinha, aos poucos e sempre. Viu como, com inteligência emocional, por meio do relacionamento interpessoal, é possível aprender com todas as pessoas e ter experiências positivas e enriquecedoras nas situações mais inusitadas?

SENSIBILIDADE PARA RECONHECER EMOÇÕES

Estar aberto para reconhecer as emoções de outras pessoas é muito difícil. Afinal, sem inteligência emocional, é complicado reconhecer até mesmo as próprias emoções. Imagine que você está se sentindo muito incomodado hoje, mas não sabe o motivo, se é raiva de alguém, se é preocupação com alguma coisa. Se você não conseguir identificar o que e por que está sentindo algo, não conseguirá mudar a situação.

Ter sensibilidade para entender como você está em determinado momento e, além disso, aprender a identificar as emoções dos outros o ajudará a tratar a raiz do problema. Se não souber o que o outro está sentindo, se não souber identificar que naquele dia ele não está bem, você não saberá lidar com ele. Essa é uma deficiência muito comum que todos temos. Lidamos com as pessoas como bem entendemos, não como a pessoa precisa ser tratada no momento. Tratar as pessoas adequadamente evita uma série de problemas.

AUTOMOTIVAÇÃO

Há pessoas que somente conseguem completar suas tarefas se houver incentivo. Se houver bajulação, falas positivas — do contrário, elas se sentem inúteis. Já a pessoa que tem inteligência emocional consegue se automotivar. Ela não precisar receber um tapinha nas costas para conseguir produzir. E, por isso, nada é capaz de pará-la. Ela dorme e acorda motivada. Os sonhos e objetivos dela são maiores do que os problemas do dia, o que torna a automotivação

Toda sujeira, se acumulada, torna-se muito difícil de limpar. Então, é preciso limpar sujeirinha por sujeirinha, aos poucos e sempre.

@tiagobrunet
EMOÇÕES INTELIGENTES

outro aspecto importante para o desenvolvimento da inteligência emocional.

A automotivação também tem muita relação com sua energia espiritual. O quanto você tem de fé e o quanto você compreende seu propósito influenciam diretamente sobre a motivação que move você em todas as tarefas.

AUTOCONTROLE

Como citado, o autocontrole é, na Sabedoria Milenar, o que conhecemos como domínio próprio e define a pessoa capaz de, ao receber algum mal, conseguir controlar a própria reação. Pessoas autocontroladas conseguem refletir a respeito de como lidar com uma situação, são hábeis para extinguir o instinto animal reativo que todo ser humano tem e para ser inteligente o suficiente a fim de criar uma estratégia para resolver um problema. Elas não perdem a aptidão mesmo sob pressão, mesmo tendo recebido uma afronta, mesmo diante de desequilíbrio externo.

Se você estiver com seu interior equilibrado, não perderá o controle, independentemente de qual problema estiver enfrentando.

Por falta de inteligência emocional, muita gente passa por problemas sérios. A maioria deles começa na infância e pode perdurar por toda a vida.* Todos enfrentamos muitas rejeições ao longo de nossa história, pequenas ou grandes. Muitas vezes nos comparamos a outras pessoas e percebemos que não temos o que elas têm. Muitas podem ter ouvido palavras duras dos pais, como "Você é um burro!" ou "Você não vai conseguir!", frases que marcam e criam feridas emo-

---

* ABRAHÃO, Telma. *Educar é um ato de amor, mas também de ciência.* São Paulo: Literare Books, 2022.

cionais no inconsciente, as quais terão consequências no futuro, na adolescência e na idade adulta.

Outra parte dos nossos problemas tem origem na adolescência, em diferentes graus. Ao começar a ter noção de quem é e de quem são as pessoas ao seu lado, você pode, de alguma forma, se ofender, sentir-se afetado. Outros problemas emocionais ainda aparecerão na idade adulta, como traições, problemas financeiros – ambos causam desequilíbrios.

Todos passamos por problemas. Se compreendermos que eles não precisam definir nem guiar nossa vida, que é possível ressignificar a importância deles e a forma como os enxergamos, revertemos a situação a nosso favor e passamos a ser os responsáveis pela construção de nossa rota.

Todos temos problemas emocionais a serem resolvidos. Cada um de nós precisa se equilibrar de algum modo. Quantas pessoas se afastaram da família porque não tinham inteligência e maturidade para lidar com os filhos, com a esposa ou com o esposo? Quantos não perderam oportunidades melhores de emprego? Quantos não perderam muito dinheiro porque não conseguiam lidar consigo mesmos? Seja porque nem sequer se conheciam, seja porque ficavam se perguntando, depois de uma tragédia emocional: "Por que eu fiz isso?", "Por que eu me expus dessa maneira?" ou "Por que eu reagi assim?", como todos nos questionamos em algum momento e sempre temos como resposta a falta de autocontrole.

O autocontrole nos ajuda a agir de maneira acertada e equilibrada mesmo em situações complicadas. É a partir dele que você conseguirá encontrar mais facilmente soluções simples e criativas.

Um exemplo é o caso dos problemas financeiros. Se o seu problema for como você lida com o dinheiro e você não se desesperar diante de uma complicação, poderá direcionar seu foco a leituras para aprimorar seu conhecimento na área da educação financeira. Você pode procurar pales-

A falta de
inteligência
emocional pode
ter raízes diversas
e pode durar por
toda a vida se você
não estiver disposto
a ressignificar seus
problemas.

@tiagobrunet
EMOÇÕES INTELIGENTES

tras, vídeos e pessoas que lidam bem com o dinheiro, porque essa é a única forma de você evoluir, de crescer. A premissa também é válida para as emoções. Se você quer ter maior controle emocional, se não quer ser escravo das suas emoções, só existe um jeito: não se desesperar e andar com pessoas equilibradas emocionalmente. Assim, você conseguirá aprender pela convivência. Também leia, estude o assunto e pratique. Do contrário, você nunca vai se desenvolver.

Agora que vimos as características mais importantes para termos inteligência emocional, aprofundarei um pouco mais cada uma delas, para que você não apenas inicie sua jornada, mas percorra seu caminho com mais segurança, focado no que é importante de verdade, sempre com muito respeito pelos outros e por você.

Você sabia que atividades físicas como caminhada e corrida são excelentes para equilibrar as emoções?

Segundo estudos, o estímulo físico ativa partes do cérebro que liberam hormônios relacionados ao bem-estar e até ajuda na "limpeza mental".*

Você pensa melhor quando é ativo fisicamente.

Você pode fazer um compromisso consigo mesmo de aumentar ou melhorar seu nível de atividades físicas?

@tiagobrunet

* Cf., por exemplo, COSTA, Rudy Alves; SOARES, Hugo L. R.; TEIXEIRA, José A. Caldas. Benefícios da atividade física e do exercício físico na depressão. *Revista do Departamento de Psicologia da UFF*, Niterói, v. 19, n. 1, 2007.

CAPÍTULO 4

Treinando o domínio das suas emoções

Em 2008, tive crises de pânico e cheguei perto de sofrer de depressão. O que aconteceu? Simples. Eu não sabia lidar comigo mesmo. Então, conforme as responsabilidades da vida aumentavam, eu acumulava lixo dentro de mim. E, quando sofri um gatilho emocional provocado pela morte de um parente próximo, tudo isso despertou, o lixo começou a sair até que eu entrei em colapso.

Assim como eu, muitas pessoas já passaram ou ainda passarão por situação semelhante. Mas, se você ainda não a vivenciou, pode evitá-la, pois é preciso saber como se livrar dos lixos emocionais do dia a dia, e também de ressentimentos, de coisas desagradáveis que disseram para você. É preciso aprender a deixar o passado no passado, a viver o presente e a começar a construir o futuro.

Todas as pessoas que realmente venceram na vida tiveram de conviver com alguém que as feriu em algum momento. Como conseguiram? Elas desenvolveram inteligência emocional e passaram por cima de mágoas e ressentimentos. Do contrário, estariam no mesmo buraco em que eu caí em 2008.

Responda com sinceridade:

- Onde você está hoje?
- Quais são os seus objetivos de vida?
- Aonde você quer chegar de verdade?
- Quem você deseja ser daqui a cinco anos?

Se você conseguiu responder a todas as perguntas, saiba que, sem inteligência emocional, não é possível chegar ao seu objetivo. E, se por acaso chegar, vai estar todo arrebentado, tão abatido, amargurado e ferido, que não vai conseguir desfrutar o pódio, ou não vai conseguir se manter no topo por muito tempo. Afinal, de nada adianta chegar ao pódio todo arrebentado e não desfrutar aquele que seria o melhor momento da sua vida.

Muitas pessoas não conseguem se relacionar com o cônjuge ou estão sozinhas porque não conseguem se relacionar com ninguém. Outras têm problemas de relacionamento profissional ou não conseguem se dar bem com alguns colegas de trabalho. Algumas não conseguem lidar bem com familiares ou com as pessoas que vivem por perto. Você é uma delas?

É sempre necessário perguntar a si mesmo: "Será que o problema está mesmo nos outros ou até hoje eu não aprendi a lidar com as situações?". A reflexão é importante. Questione-se: por que você não consegue lidar com as outras pessoas? Por que não consegue abdicar dos seus privilégios, dos seus egoísmos, dos seus filtros mentais prejudiciais, enfim, da forma que você acha que tem de ser? Por que não começar agora a viver para que o coletivo progrida, cresça?

Muitos dos meus leitores e alunos têm o poder de mudar a própria vida mediante a simples decisão de treinar suas habilidades emocionais. Para isso, é preciso aprender como se faz, aprender a ter autocontrole, a dominar os medos.

Como vimos, todo medo vem de uma experiência prévia negativa, originada muitas vezes na infância. Quando vencer um dos seus temores, você verá que qualquer outro também pode ser derrotado. Por exemplo, quando alguém tem pavor de altura e vence esse medo, nenhum outro, nem o da morte, impedirá essa pessoa de avançar a fim de alcançar uma meta. O medo tem, sim, sua importância para nos resguardar, mas estamos falando aqui daquele que impede de agir, que congela e que prejudica sua vida de alguma maneira.

Dia desses, atendi um grande empresário que me disse que seu maior medo era comunicar uma grande decisão para o pai. A notícia era que ele queria abrir um novo negócio, um próprio, em uma área de atuação diferente daquela da empresa paterna, onde ele trabalhava. Ele tinha certeza de que o pai não iria aceitar esse novo rumo que ele desejava tomar.

— Por que seu pai não vai aceitar? — perguntei.

— Ah, é certeza que ele não vai aceitar! — respondeu ele.

— O.K., mas me dê um motivo pelo qual ele não aceitaria.

— Porque ele vai achar que a outra empresa vai dividir forças.

— Mas escuta — disse eu a ele —, será que o seu pai prefere uma pessoa que está inútil dentro de sua empresa a uma pessoa que vai produzir, que vai ser feliz fora dela? Será que, se você apresentar a situação da forma correta, ele não vai aceitar?

— Eu não sei, mas tenho muito medo, inclusive de ele me bater.

— Você tem trinta anos, o seu pai não tem como bater em você!!!

Continuamos a conversar e o preparei para dar a notícia ao pai. Quando ele finalmente tomou coragem de conversar, o pai dele segurou seu rosto com as duas mãos e disse-lhe:

— Parabéns, meu filho. Até que enfim você vai sair debaixo da asa do papai e vai começar o seu próprio negócio.

Lembra-se de que a maioria de nossas preocupações não chega a se concretizar? Esse caso é um exemplo disso. O medo nos faz enxergar algo muito maior do que ele é de verdade. Quem tem medo de lagartixa enxerga o bichinho inofensivo como um crocodilo gigante e feroz. Enquanto não forem superados, os medos sempre atingirão uma proporção maior do que realmente têm.

A FALTA DE AUTOCONTROLE

Sem o equilíbrio das emoções, você sempre vai gastar mais do que ganha e vai fazer coisas contra seus valores para ser aceito. Assim, será governado pelo tempo, dominado pelo dinheiro, submisso aos sentimentos, em vez de ser dono de si mesmo e autor da própria história.

A falta de autocontrole é uma das maiores consequências enfrentadas por quem não optou por desenvolver a gestão das próprias emoções.

Muitas pessoas acham difícil de se controlar quando são provocadas ou contrariadas de alguma maneira. Estou falando daquele tipo que diz que não leva desaforo para casa. Quem não tem domínio próprio para uma coisa específica não o tem para nada. Quem não domina a si mesmo não pode dominar sua relação com mais ninguém. A chance de alguém assim prosperar financeiramente é baixíssima porque, no dia em que tiver dinheiro na mão, será vendaval!*

É comum me perguntarem como alguém fica rico. Essa pessoa pega dinheiro, o investe e faz mais dinheiro. Pega o resultado desse investimento e investe de novo; faz mais dinheiro. E assim sucessivamente.

Algumas pessoas, porém, mesmo com a possibilidade de investir parte de sua renda, nunca ficam ricas, porque nun-

---

* Referência à música "Pecado capital", composta e interpretada por Paulinho da Viola.

Enquanto não forem superados, os medos sempre atingirão uma proporção maior do que realmente têm.

@tiagobrunet
EMOÇÕES INTELIGENTES

ca conseguem passar para a segunda fase de investimento. Na primeira dificuldade, desistem, caem, pois têm medo ou se veem às voltas com o nervosismo.

A esta altura da leitura, você já deve ter percebido que tudo na vida gira em torno do emocional. E é verdade!

Saiba que eu era nervosinho. Tinha meus medos; muitos deles. Então, passei por um processo de enfrentar cada um deles. Comecei a me treinar e a ter domínio próprio. Por exemplo, antigamente, quando eu ia a uma pizzaria, engolia a comida o mais rápido que podia só para ser o cara que mais comia. O resultado, nada positivo, foi que, se eu não conseguia me controlar para comer, não tinha domínio próprio para mais nada. Tudo se encontra na mesma caixa cerebral das emoções. Bastava alguém me provocar, e eu era dominado pela competição, sem refletir se isso seria bom ou não!

Lembro-me de que, quando eu tinha vinte anos, um sujeito me cortou no trânsito. Eu parei o carro e parti para cima dele no meio da via. E eu tinha minha fé e era um homem educado. O sujeito poderia estar armado, me dar um tiro e eu morrer com apenas vinte anos de idade. Tive de reconhecer que estava doente emocionalmente. E é muito difícil assumir que temos doenças, mazelas, buracos na alma. Mas, quando você reconhece suas vulnerabilidades, quando percebe que seu maior inimigo é o descontrole de suas emoções, dá um passo muito grande para a cura.

Um dia, dei uma palestra para pastores evangélicos e disse algo que os deixou bastante escandalizados. Disse: "A inteligência emocional é mais importante que a fé". As reações na sala foram das mais diversas possíveis! "Calma, deixa eu provar", tentei apaziguar. "Tem um versículo que diz que, se eu estou brigado com a minha esposa, as minhas orações estão impedidas. Oração é questão de fé, briga é questão de inteligência emocional. Se por causa da minha falta de inteligência emocional eu brigo com a minha esposa, a minha fé é paralisada."* Nesse momento, eles começaram a se olhar.

Posso estar ao lado de uma pessoa que pratica a fé, é iluminada por Deus, é corretíssima, mas, se um dia ela me ofende de alguma forma, mesmo que inadvertidamente, não importa o que eu ache de sua vida espiritual, deixarei de estar ao lado dela. Agirei assim porque as emoções falam mais alto que a vida espiritual, uma vez que o ser humano é emocional. É por isso que todos nós já perdemos muita coisa, tanto dentro da fé como no ambiente de trabalho e no ambiente familiar.

Isso é tão sério que muitas vezes chegamos a ser ingratos com quem mais nos ajudou, porque essa pessoa, mesmo que tenha nos auxiliado durante muitos anos, pode ter, em algum momento impulsivo, nos magoado. Quando a gente não tem inteligência emocional, só considera aquela feridinha e se esquece dos diversos anos em que aquela pessoa foi boa para nós. A gente pratica a ingratidão, fere a honra como seres humanos e começa a entrar por buracos emocionais dos quais é muito difícil sair.

Somente quem atingiu o topo da inteligência emocional entende o que é ser grato. Ser agradecido aos que o ajudaram de uma forma ou de outra é mais que emocional, é transcendental, é espiritual. A gratidão é a prática de quem já venceu seus medos, seu egoísmo, sua ignorância e seu orgulho, é uma verdadeira ferramenta da felicidade.

Por outro lado, a ingratidão é a raiz da injustiça. Lembro-me de uma história que exemplifica bem isso.

---

* Em 1Pedro 3:7 diz: "Maridos, vocês, igualmente, vivam a vida comum do lar com discernimento, dando honra à esposa, por ser a parte mais frágil e por ser coerdeira da mesma graça da vida. Agindo assim, as orações de vocês não serão interrompidas" (NAA).

A gratidão não tem prazo de validade!

@tiagobrunet
EMOÇÕES INTELIGENTES

Por vinte anos, sr. Antônio ajudou um de seus funcionários a crescer na vida. Pagou-lhe os estudos, passou madrugadas aconselhando-o, perdoou inúmeros erros e comprou brigas com os próprios familiares para manter Geraldo, seu funcionário mais benquisto, por perto.

Duas décadas depois, sr. Antônio tomou uma decisão empresarial que desagradou a Geraldo. E, pela primeira vez em anos, o chefe disse não ao funcionário. Na verdade, Antônio sabia o que estava fazendo, o motivo pelo qual havia tomado aquela decisão, mas precisava da compreensão de todos.

No auge do estresse emocional, o patrão perdeu o autocontrole, se exaltou com o funcionário de tantos anos e cometeu um erro que preferia ter conseguido evitar: jogou todos os anos de ajuda na cara de Geraldo, que se sentiu profundamente magoado e saiu porta afora. Um mês depois, o ex-funcionário anunciou a abertura da própria empresa e levou consigo alguns dos clientes mais antigos do sr. Antônio.

Vemos aqui um clássico! Em um instante, um único erro sobressai perante vinte anos de ajuda e amor. Às vezes, a pessoa que mais merece nossa gratidão é a mesma que nos feriu. A escolha é nossa: ser gratos ou ingratos.

EGOÍSMO, UM GRANDE PROBLEMA

O mundo está muito egoísta.

Você provavelmente já viveu a seguinte situação: estava esperando para ser atendido no caixa do banco e começou a puxar assunto com outras pessoas da fila. Nós, brasileiros, amamos puxar assunto, fazemos isso em qualquer lugar — no ônibus, na fila do banco, do supermercado... Essa característica não é comum em muitos lugares do mundo, acredite. Nos Estados Unidos, por exemplo, não existe a possibilidade de pessoas que não se conhecem conversarem numa fila.

Na Europa, tampouco. Aqui no Brasil, tudo é motivo para conversa. Independentemente de onde seja, vemos que o mundo está tão egoísta que, se você começar a contar a sua história, a outra pessoa já quer contar a dela também, sem esperar que você termine.

As pessoas não param mais para escutar umas às outras. Ninguém está preocupado com o outro. Você quer contar a sua história, então diz que está com uma dor de cabeça terrível. A outra pessoa retruca: "Eu estou com um tumor", como se precisasse ter uma história mais triste! Nesses casos, todo mundo sai perdendo.

Já pensou quantas oportunidades de crescimento — profissional e pessoal — são perdidas por não darmos atenção ao que o outro diz? Não é à toa que a falta de inteligência emocional está levando pessoas que poderiam estar hoje no topo de suas carreiras para o buraco. Pessoas que poderiam estar vivendo o sucesso com que tanto sonharam vão para o abismo de situações difíceis de resolver — situações nas quais elas mesmas se colocaram porque passaram a viver só para "seu umbigo", sem olhar de fato para o outro. Estão apenas preocupadas com a sua história, com o que acontece consigo, com o que vão ganhar com determinada relação ou situação. Ao se fecharem às experiências do outro, ao olhar do outro, tornam-se incapazes de lidar com contrariedades. Não sabem como reagir a uma crítica construtiva nem como lidar com problemas.

Buscando apenas o benefício próprio, são sempre o centro de todas as atenções e se esquecem de que seu desenvolvimento só será efetivo e robusto com alicerces firmes. É por isso que entender uma situação, olhar para as pessoas que estão à sua volta, saber captar todas as emoções envolvidas e buscar agir da forma mais equilibrada possível são características importantes para qualquer crescimento, seja profissional, financeiro, pessoal ou espiritual.

Não importa o problema, é possível vencê-lo se você valorizar as histórias dos outros. Ao fazer isso, você cria uma bagagem de possíveis reações às mais variadas situações.

TER EMPATIA É ESSENCIAL

Outro problema de quem não tem inteligência emocional é a falta de empatia. Esse é um problema muito sério porque qualquer um, para alcançar a inteligência emocional, tem de aprender a olhar para o outro. A inteligência bíblica já traz esse ensinamento profundo, mas nós o abandonamos. Então, a inteligência emocional ensina, de um ponto de vista acadêmico, exatamente a mesma coisa: que o segredo da felicidade é ajudar as pessoas, é levantar quem está caído.

Tem uma passagem na sabedoria bíblica que chama muito a minha atenção. Independentemente da sua religião, você já deve ter ouvido falar dela. Trata-se da parábola do bom samaritano. Jesus contou a história de um homem judeu caído no chão. Duas autoridades judaicas passam por ali e negam ajudá-lo ou fingem que não viram. Mas passa a terceira pessoa e o ajuda. Essa pessoa era um samaritano, ou seja, alguém de quem não se esperava tal atitude, pois os samaritanos eram inimigos dos judeus. No entanto, é esse indivíduo quem ajuda o homem caído.* O que o faz ajudar é a empatia.

Tente fazer este exercício: procure se colocar no lugar de toda pessoa que lhe fizer algum mal, que o perseguir, que falar mal de você. Fazendo isso, você entenderá que uma pessoa que fere é uma pessoa ferida. É impossível uma pessoa feliz e sadia perder tempo para ferir o outro. Então, se uma

---

* Para ler a parábola completa, abra a Bíblia no livro de Lucas, no capítulo 10, versículos de 25 a 37.

pessoa começar a persegui-lo, basta você se colocar no lugar dela e pensar: "Ela deve estar passando por muitos problemas na vida porque, com tanta coisa boa no mundo, ela decidiu perder tempo falando de mim". Então, você perceberá que o impacto das coisas que vêm dessa pessoa para sua vida diminuirá de maneira significativa.

Apesar de o ser humano ter sido projetado pelo Criador para ser social, ninguém quer se colocar no lugar do outro. No entanto, sem empatia, é impossível. Quando somos empáticos, mudamos o mundo. Pelo menos, o mundo das pessoas com quem nos relacionamos, ainda que por um curto período, ainda que em um contexto informal.

Saber olhar o outro, escutá-lo, reconhecê-lo e respeitá-lo enfraquece os ruídos dos desequilíbrios emocionais e fortalece as inter-relações, o olhar e ser olhado, o escutar e ser escutado. Quem tem inteligência emocional sabe o momento em que pode abrir mão de seus direitos em prol do coletivo. Quem tem inteligência emocional compreende que um sujeito somente será verdadeiramente feliz quando for capaz de reconhecer a importância de suas relações, e sabe que todas elas – *todas mesmo* – são oportunidades de aprendizado, crescimento e treinamento.

TAREFA
EXERCÍCIOS PARA O DESENVOLVIMENTO DE SUA INTELIGÊNCIA EMOCIONAL

Se você chegou até aqui, provavelmente já se questionou sobre alguns paradigmas de sua vida. Isso é muito importante e esperado. Como afirmei, a inteligência emocional não acontece de maneira natural, não é um item de fábrica. Precisamos estudar sobre ela e *treiná-la*. E só conseguimos treinar algo que já tenhamos aprendido ou que estejamos aprendendo. Por isso, aconselho você a ler este livro mais de uma vez. Releia sempre que surgirem dúvidas. Releia sempre que achar que precisa de clareza para sua vida emocional.

Mas, além de reler os capítulos, é fundamental que você pratique estratégias que desenvolvam sua inteligência emocional. Reuni, a seguir, alguns exercícios que vão ajudá-lo nessa jornada.

Está preparado? Respire fundo. Antes de responder, pense bem. Não faça por obrigação. Leve o tempo que precisar. As respostas para as perguntas a seguir devem tocar o seu coração e fazer você refletir profundamente sobre cada tema. Bom trabalho!

1. Quais foram os três maiores impactos emocionais negativos que você teve na vida? Consegue determiná-los? Como foi? Quando ocorreram? Escreva o que conseguir lembrar. (Pode ser a perda de alguém, uma namorada ou namorado que rompeu o relacionamento, uma quebra financeira, a traição de um grande amigo etc.)

_____

_____

_____

_____

_____

_____

2. O que você já perdeu por não ter inteligência emocional? Amigos? Dinheiro? Família? Comunidade religiosa? Relacione tudo o que você perdeu e identifique quais aspectos de uma inteligência emocional bem desenvolvida poderiam ter evitado esses conflitos.

_____

_____

_____

_____

_____

_____

_____

3. Escreva como você vai lidar com as suas emoções a partir de hoje. Com base neste livro, quais ferramentas da inteligência emocional você já identificou que tem para começar a criar uma nova rota emocional para a sua vida? Como vai lidar com as contrariedades? Como vai lidar com as respostas negativas a partir de agora? Como vai lidar com as perdas e frustrações? É muito importante que você anote quais são as ferramentas que consegue identificar que já tem para lidar com essa nova etapa da vida emocional, e o que pode ou precisa treinar para que elas atinjam sua potência máxima. É preciso fazer isso com muita atenção para que as mudanças, principalmente as internas, se concretizem.

_____

_____

_____

_____

_____

_____

4. Você se lembra de que lhe perguntei, algumas páginas atrás, se você conhece pessoas que começam algo e nunca terminam? Que deixam para amanhã o que poderiam fazer hoje? Escreva sobre essas pessoas e sobre os projetos inacabados delas. Escreva também quais estratégias da inteligência emocional você recomendaria a elas. Se você identifica em si mesmo essas características, escreva sobre você e sobre as estratégias que podem ajudá-lo a parar de deixar seus problemas para depois. Lembre-se: procrastinar e não terminar o que foi começado são indícios de um futuro repleto de desistência e sem prosperidade.

_____

_____

_____

_____

_____

_____

5. Hoje você é o reflexo de todas as suas decisões, tanto as certas como as erradas. Reflita sobre quantas decisões equivocadas já tomou na vida. Escreva sobre essas decisões, sobre o impacto que tiveram e como você pode evitar cometer os mesmos erros novamente.

_____

_____

_____

_____

_____

_____

_____

PARTE 2

POTENCIALIZE A SUA INTELIGÊNCIA EMOCIONAL

CAPÍTULO 5

O poder do autoconhecimento

As pessoas precisam compreender três coisas sobre si mesmos:

1. O ser humano precisa descobrir sua identidade, ou seja, quem ele realmente é.
2. Também precisa definir o seu propósito, ou seja, por que faz o que faz.
3. E, na sequência, desvendar o seu destino, ou seja, saber aonde vai.

Muita gente já falou mal de mim. Eu não tenho problema com essa situação; somente não posso dar crédito ao que foi dito. Alguns já disseram que eu seria "um nada", e resolvi não acreditar. Há quem tente me ofender e queira me fazer entrar em uma briga para "colocar os pingos nos is". Não vale a pena.

Foi impressionante, porém, quando ouvi que eu seria um mestre para ensinar muitas nações, pois me apeguei a isso. Lembro-me claramente de que, quando eu tinha 8 anos, um pregador estrangeiro visitou a igreja que eu frequentava no Rio de Janeiro. Ele olhou para mim e disse: "Prepare seu passaporte, pois você será das nações".

Eu me alegrei muito com o que ouvi; aquelas palavras acertaram meu coração como uma flecha. Vários acontecimentos posteriores confirmaram que, mais cedo ou mais tarde, o que fora profetizado aconteceria. Como ensinei no meu livro *12 dias para atualizar sua vida,* não podemos nos desviar de nossa Ideia Central Permanente (ICP), ou seja, do nosso propósito na terra.*

Muitos anos depois desse episódio, minha principal tarefa é: viajo o mundo para levar, em diversos idiomas, a verdade na qual acredito e a qual compartilho.

Até que o "futuro" prometido chegasse, o treinamento foi duro e intenso. Alguns, vendo de fora, poderiam chamar de *problema*, mas, o que essas pessoas denominam problema, Deus qualifica como *treinamento*. Mesmo que nosso destino seja revelado, ou seja, que saibamos aonde chegaremos, o caminho pelo qual teremos de passar jamais o será. Enquanto percorremos esse caminho, o *treinamento* acontece.

Para muitos, enfrentar ataques de um leão e de um urso é um *problema*; para Davi (1000 a.C.), um jovem pastorzinho de ovelhas da região de Belém, em Israel, foi um treinamento. Lutar contra o gigante Golias (inimigo filisteu que afrontava o exército de Israel na época) também foi um *treinamento*. Todo esse treinamento tornou-se o passaporte de Davi para o palácio; ele se tornou um rei com diversas vitórias em guerras.

Para muitos, o abandono em um rio dentro de um cesto seria o fim; para Moisés, um bebê hebreu deixado à margem do rio Nilo para escapar do decreto de morte do faraó, foi o começo de seu *treinamento*. Crescer como príncipe no palácio do Egito, receber a melhor educação e ensinamento militar também foi um preparo para um futuro que ele

---

* BRUNET, Tiago. *12 dias para atualizar sua vida: como ser relevante em um mundo de constantes mudanças.* São Paulo: Vida, 2017.

Nosso destino pode
ser revelado, mas
o caminho até lá
jamais o será.

@tiagobrunet
EMOÇÕES INTELIGENTES

não poderia imaginar. Seu destino de libertador de um povo oprimido pela escravidão estava traçado, mas o caminho até lá seria repleto de desafios.

Moisés, ao vislumbrar sua missão, não tinha a mínima ideia de qual seria o processo que viveria. Imagine se o Criador lhe dissesse:

— Moisés, você será o líder que libertará meu povo da escravidão no Egito, mas, antes, terá de fugir do país, pois você será caçado por matar um egípcio. Em seguida, você passará quarenta anos no deserto como pastor, para aprender a ser humilde e paciente. Quando, finalmente, estiver pronto, voltará ao Egito, onde enfrentará o faraó mais poderoso da época, realizará milagres e pragas que desafiarão a lógica humana. Você liderará seu povo numa travessia pelo deserto, durante a qual enfrentará fome, sede e até rebeliões do seu povo. Não precisa se preocupar, Moisés, pois você verá a Terra Prometida. Mas não entrará nela.

Moisés provavelmente responderia a Deus:

— Senhor, eu estava aqui pensando... Até posso me tornar um pastor, mas gostaria de passar o restante dos meus dias cuidando das ovelhas de Jetro. A vida de pastor é bem tranquila. Não me sinto preparado para falar em público e liderar um povo inteiro. Não vai dar não, Deus. Mas, obrigado. Tente outra pessoa.

Você acredita que alguém aceitaria seu destino se conhecesse todos os desafios que iria atravessar pelo caminho?

Pense em tudo por que você já passou para chegar ao nível em que está agora. Saiba que, além do treinamento para chegar ao seu objetivo, também é necessário treinamento para atingir a meta com integridade.

Conheço muitas pessoas que estão à espera de um objetivo cumprido para manifestarem sua identidade. Se observarmos a História, porém, não é assim que funciona. Você é o que é independentemente da etapa de vida em que está.

Um cantor, por exemplo, não precisa assinar contrato com uma gravadora para manifestar seu chamado. Um líder não precisa ter um título para liderar. Basta que um grupo de pessoas se perca na floresta para que, em quinze minutos, o verdadeiro líder apareça.

É essencial que você saiba, então, quem você realmente é.

Se não se conhecer, o processo pelo qual terá de passar até chegar ao seu destino esgotará suas emoções. Quando sabemos quem somos, percebemos que, enquanto a situação não estiver boa, é porque o caminho ainda não acabou!

Para compreender qual é sua identidade, lembre-se de que você não é o que dizem a seu respeito. Essa é apenas a sua reputação. Você é, na verdade, aquilo que faz quando ninguém está olhando. A isso chamamos "integridade".

Embora integridade e reputação devam andar juntas — veremos adiante como a imagem que os outros têm de nós influencia nossa trajetória —, há momentos em que elas entram em conflito, principalmente quando emoções desenfreadas, suas ou de outras pessoas, estão em jogo. Nessas circunstâncias, é preciso escolher entre uma e outra. Foi o caso de Daniel. Invejado por sua sabedoria e integridade, seus adversários, cientes de que ele orava todos os dias para Deus, criaram artimanhas para colocar o rei Dário, da Babilônia, contra seu conselheiro mais respeitado. Para isso, levaram o rei a emitir um decreto que proibisse qualquer pessoa de orar e fazer pedidos a Deus durante trinta dias. Mesmo com o decreto, Daniel foi íntegro, tanto com ele mesmo como com Deus, e continuou a orar todos os dias.

Certa vez, enquanto ministrava um curso de liderança na Flórida, nos Estados Unidos, para um grupo de pastores latinos, sugeri uma dinâmica. Fiz os dezoito participantes formarem um círculo e amassei uma folha de papel em branco. Em seguida, entreguei a bolinha de papel na mão de uma pessoa e disse: "O exercício é simples. Esta bolinha é

Você é o que é independentemente da etapa de vida em que está.

@tiagobrunet
EMOÇÕES INTELIGENTES

uma vida, e ela deve passar de mão em mão até voltar àquele que a tocou primeiro. Apenas gravem para quem a jogaram, pois, quando repetirmos o exercício, a mesma ordem terá de ser repetida".

A bolinha passou de mão em mão até que retornou ao líder que a jogara primeiro em 28 segundos. Então, dei o próximo comando do exercício: "Essa bolinha, como eu disse, é uma vida. Ela não pode cair no chão e, para piorar, está entrando em colapso. Temos apenas sete segundos para salvá-la. Vocês terão de passá-la de mão em mão, como anteriormente, mas em sete segundos".

Comecei a observá-los. Bastaram cerca de dois ou três minutos para eu identificar quem era quem. Uns falaram:

— É impossível, não dá tempo!

Outros ficaram parados, olhando. Já outro grupo, eufórico, discutia as possibilidades. E houve quem apenas dissesse:

— Vai dar, tenham fé.

No entanto, ninguém se movia nem sugeria estratégias. Enquanto isso, eu rodeava o grupo e orientava:

— Calma, é possível. Um grupo maior que o de vocês, formado por deficientes físicos, conseguiu em seis segundos. Vocês também conseguem. Usem a gravidade a seu favor!

Após eu dizer isso, eles se animaram e passaram a tentar com mais fervor. No entanto, apenas dois participantes prestaram atenção à minha sugestão de usar a gravidade a favor deles, dica que, na verdade, seria a solução para o problema. Ao término da dinâmica, compartilhei as impressões com eles:

— Pessoal, este exercício nunca foi aplicado por nós em um grupo maior formado por deficientes físicos; apenas falei isso para inspirá-los e consegui. Pude ver como vocês reagem diante de desafios: alguns apenas olham; outros gritam, dizendo que é impossível; há os que alegam até ser possível, mas não se movem; e há aqueles que tentam, encontram caminhos, promovem mudanças, escutam o grupo e passam as coordenadas. Para terminar, pergunto a vocês, líderes: "Quem são vocês?".

Tente se colocar no lugar daqueles homens. Como você reagiria?

Depois que partirmos da terra, as pessoas não se lembrarão de quem achávamos que éramos, mas de quem fomos aos olhos delas. Como diz o famoso ditado: "À mulher de César não basta ser honesta, tem de parecer honesta".

Às vezes, achamos que somos de determinada maneira, mas aqueles que estão ao redor nos veem de maneira completamente diferente. Não basta sermos, temos de mostrar quem somos. As pessoas não leem nossa mente, apenas veem nossas atitudes; logo, não somos o que pensamos, mas o que fazemos.

Nossa filosofia de vida, interna, tem de ser coerente com nossas ações, externas, para que tenhamos uma identidade consistente. Algumas pessoas dizem professar a fé católica, mas não refletem tal doutrina em suas escolhas. Outros se dizem judeus, mas nunca pisam em uma sinagoga. Existem ainda aqueles que se dizem evangélicos, mas a última coisa que identificamos em suas atitudes é a presença do Evangelho conforme descrito nas Escrituras.

Isso significa que nem sempre somos o que divulgamos ser, e nem sempre divulgamos o que realmente somos. Primeiro, descubra quem você é de verdade. Depois, projete o que gostaria de se tornar. De modo geral, vivemos como gostaríamos de viver sem nos atentarmos para a realidade. Por essa razão, muitos gastam mais do que ganham, mentem para seus amigos para se sentirem aceitos e vendem uma felicidade irreal nas redes sociais.

O mundo mudou muito! Nos dias atuais, as mudanças são tão agressivas que, se não atentarmos à realidade, se não nos abrirmos (e, por vezes, nos sacrificarmos) para constantes atualizações, jamais saberemos conduzir o barco nesse

Nem sempre somos o que divulgamos ser, e nem sempre divulgamos o que realmente somos. Você deve projetar o que quer se tornar.

@tiagobrunet
EMOÇÕES INTELIGENTES

mar bravio. Atualizar-se pode até ser doloroso, mas é necessário. Quem aprendeu a datilografar em máquina manual, por exemplo, e hoje digita no teclado do computador sabe do que falo. Essa pequena amostra confirma que sacrifício não significa sofrimento.

Sofrimento costuma indicar uma dor que morre em si mesma, que não serve para nada. Já o sacrifício dá fruto em meio às dores. Quando colhemos o que plantamos sacrificialmente ressignificamos toda a dor do processo.

Imagine uma mulher grávida, cujo corpo, em nove meses, passa por diversas mudanças: o nariz e os pés incham; ela ganha peso; tem dificuldade para dormir, pois não encontra uma posição confortável; e precisa urinar de cinco em cinco minutos; dentre outros incômodos. Por fim, ela passa pela maior das dores: a do parto. A trajetória da mãe durante nove meses foi de sacrifício, não de sofrimento. Ao dar à luz, as dificuldades pelas quais passou para chegar até ali muitas vezes parecem pequenas. A prova disso é que, não raro, ela tem outros filhos.

Não classifique sua vida pelas dores que sentiu. Aprenda a diferenciar sofrimento de sacrifício. Ao compreendermos que a dor pode ser aliada da prudência por nos modelar e mostrar quem somos, paramos de fugir dela, e começamos a aprender com ela. Triste é o caso de alguém que tem de lidar com as dores do sofrimento, não do sacrifício.

Um atleta, por exemplo, treina pesado diariamente durante anos, a fim de preparar-se para as Olimpíadas. Ele abre mão de desfrutar um delicioso churrasco com os amigos em um fim de semana prolongado na praia. Seu sono e sua alimentação são regrados. Essa é uma dor relacionada a sacrifício, pois, quando a medalha é colocada em seu peito, vem à tona a sensação de que tudo valeu a pena. Após o êxtase da vitória, ele volta à rotina de pesados treinamentos à espera da próxima competição. Ainda que não conquiste a medalha uma vez, todo esforço se torna uma oportunidade para analisar o que pode ser melhorado e é visto como avanço.

Não sair para comer com os amigos no fim de semana, no intuito de economizar para alcançar alguma meta, não é sofrimento vazio, é sacrifício, porque um dia você colherá o fruto! Esse é o tipo de dor irrefutável que gera frutos e nos modela.

A verdade é que nem sempre sabemos lidar com a angústia. Muitas vezes, precisamos de um lugar aonde levar nossas perguntas sem respostas, nossas confusões mentais. Dentro de nós, se não tivermos inteligência emocional, será raro encontrar boas soluções, segurança e sanidade. Esse é o motivo de recorrermos às ofertas exteriores: alguns, na religião; outros, nas drogas, no sexo, no jogo etc.

Independentemente de quanto nos afetam, as dores são sinais de vida, provas de que o corpo detém a capacidade de sentir. Não são o fundo do poço, mas o início de algo novo. Ninguém continua como era depois de superá-las. As dores deixam feridas. A boa notícia é que uma ferida pode se fechar e se transformar em cicatriz, a marca que comprova que vencemos. Se permanecem abertas, apodrecem.

Quando Jesus mostrou as cicatrizes em suas mãos e seus pés, Tomé acreditou que se tratava do Filho de Deus, crucificado dias antes. Nossas cicatrizes nos garantem a credibilidade necessária para adentrarmos um novo tempo. Algumas feridas são tão profundas, contudo, que alcançam nossa identidade.

Philip Yancey, escritor americano dedicado à militância cristã, escreveu o best-seller *Para que serve Deus: em busca da verdadeira fé*,* obra que reúne entrevistas realizadas com dezenas de prostitutas, resultado de uma campanha de evangelismo feita em Green Lake, estado de Wisconsin, nos Esta-

---

* YANCEY, Phillip. *Para que serve Deus*: em busca da verdadeira fé. São Paulo: Mundo Cristão, 2010.

dos Unidos. O resumo de tudo o que ele escutou o levou a crer que essas mulheres, muito criticadas, julgadas e condenadas, na verdade, foram vítimas de abusos tão profundos na infância que sua identidade foi arrebatada e elas nunca mais a encontraram. É impossível, portanto, um ser humano julgar o outro. Ninguém conhece todas as dores que uma pessoa já sentiu, nem sabe sua história do início ao fim.

Outra questão atrelada às mudanças rápidas e inevitáveis do mundo é o negativismo, que tem tamanho destaque que não sabemos mais lidar com a esperança. Mario Sergio Cortella, filósofo e teólogo brasileiro, afirma que devemos "ter esperança, mas tem de ser esperança do verbo 'esperançar', porque tem gente que tem esperança do verbo 'esperar', e essa não é esperança, é pura espera".* Esperançar é se levantar, é ir atrás, é construir, é não desistir! Esperançar é seguir adiante, é juntar-se com pessoas para fazer de outro modo. Essa é a importância de lidar com a dor e de ter esperança de que tudo passará, pois é por meio dela que pessoas se conectarão a nós.

Você deve estar se perguntando como isso é possível. Explico.

Há dez anos, quando eu me dedicava aos negócios no ramo do turismo internacional, o sucesso fazia parte da minha rotina. Muitas pessoas gostavam de mim, mas nem todas se conectavam a mim, pois minha realidade não permitia. Eu vivia de avião em avião, celebrava negócios publicamente e sempre tinha histórias vitoriosas para contar. Eu estava sempre cercado de pessoas, mas minha existência era indiferente: quem eu era não significava nada para os outros; apenas o que eu tinha importava.

Não julgue quem agia assim! Era eu quem vendia essa imagem.

* CORTELLA, Mario Sérgio. *Não se desespere!*: provocações filosóficas. Petrópolis: Vozes, 2016. p. 11.

As pessoas não se *conectam* às suas regalias e à sua vida boa, apenas se *interessam* por isso. Elas costumam se conectar com a sua dor. É isso que as aproxima, que as faz sentir que têm algo que as liga.

Tudo parecia correr bem até que, certa vez, sem aviso, meu dia triste chegou: a empresa de turismo quebrou devido ao acúmulo de situações mal resolvidas. Eu começara aquela companhia com apenas sete reais no bolso para abastecer um carro emprestado para chegar a uma feira de turismo no Rio de Janeiro. Construí a agência tijolo por tijolo e a vi se tornar uma referência no mercado. Cinco anos depois de sua abertura, porém, ela estava arrasada, escorrendo pelas minhas mãos como a fina areia do deserto. Senti-me envergonhado, impotente e fraco. Estava falido. Logo as dores vieram, e não foram poucas. Enfrentei noites de insônia, cobranças, medo e insegurança. Mas depois, passo a passo, mês a mês, conta a conta, consegui superar a dificuldade até ela finalmente ficar para trás.

Isso só foi possível com a inteligência espiritual aliada à emocional. Pude discernir o processo que eu atravessava e assumir toda a responsabilidade pela situação. Percebi que estava terceirizando meu destino e não poderia mais agir dessa maneira; eu deveria tomar para mim o controle de minha vida. Afinal, nossas decisões modelam nosso futuro.

Como bem dizia Alexander Pope (1688-1744), escritor britânico: "Um homem nunca deve se envergonhar de admitir que errou, o que é apenas dizer, em outros termos, que hoje ele é mais inteligente do que era ontem".* Vou além, admitir que nem tudo o que você fez até hoje foi correto e que você precisa recalcular a rota de sua caminhada na terra não é uma questão de inteligência, mas de decência.

---

* POPE, Alexander. *Miscellanies*: the second volume. London: C Bathurst and C. Hitch, 1751.

Quando a turbulência acabou, eu tinha mais do que amigos, ganhara irmãos. Entendi aquele verso que diz: "Em todo o tempo ama o amigo e para a hora da angústia nasce o irmão" (Provérbios 17:17-ACF).

Quando perguntei aos que se juntaram a mim naquele turbulento período — hoje, fiéis escudeiros — por que tinham ficado ao meu lado, por que lutaram comigo, todos foram unânimes em responder: "Sua superação, sua dor, sua persistência, sua fé, nos fizeram ficar". Meu sucesso não prendeu ninguém, mas minha dor sim! Eu estava confuso, mas feliz!

Não podemos confundir erro com negligência. Erro tem de ser corrigido; negligência deve ser punida. Não tenha medo de errar; tema ser negligente. Quem está à sua volta sabe diferenciar e consegue lidar com seu erro, mas não com sua negligência.

É necessário compreender que as pessoas se conectam com sua dor e sua superação. Imagine que, em uma festa, lhe apresentam um jovem, e este lhe conta os milhões de reais que faturou no ano, os carros que comprou, as viagens que fez e quanto investiu no negócio herdado do pai. Não há nada de errado nisso, porém dificilmente você se sentirá conectado a essa história. Ninguém é psicologicamente programado para isso.

Imagine agora o seguinte: na mesma festa, outro jovem lhe é apresentado e conta que, depois da morte dos pais, teve de morar na rua para não continuar a sofrer abusos do próprio tio. Ainda assim, sem nenhuma estrutura familiar ou emocional, resolveu continuar estudando. Às vezes, mesmo passando três dias sem comer, não deixava de ir à escola e também era autodidata de língua inglesa.

Após prestar vestibular, descobriu que alguém vendera a vaga que ele havia conquistado a um adolescente rico da cidade. Mais uma vez, a injustiça bateu à porta dele. Ele, contudo, não desistiu, fez prova para outra faculdade e passou. Ao se graduar, foi ao posto de gasolina onde trabalhava durante as madrugadas para pagar os materiais de estudo e agradeceu o emprego. Depois, agradeceu a Deus por tê-lo mantido com vida. Hoje, aos 35 anos, o rapaz é procurador de justiça, líder comunitário e ajuda centenas de crianças a terem um futuro melhor.

A qual dos dois jovens você se conectou? A dor conecta pessoas.

COMO TERMINARÁ SUA VIDA?

As pessoas nunca vão se lembrar de como você começou, apenas de como terminou.

Pense comigo: se um homem casado for 100% fiel por quarenta anos de matrimônio, mas tiver um infarto e morrer durante a única infidelidade conjugal de sua vida, como vão se lembrar dele? Sequer se recordarão do longo tempo em que foi um marido fiel e excelente pai. O homem será conhecido como o infiel "castigado" por seu pecado. Já dizia Salomão, rei de Israel: "Melhor é o fim das coisas do que o princípio delas" (Eclesiastes 7:8-ACF).

Como seria a história de Martin Luther King Jr., o pastor batista negro que lutou pela igualdade de direitos entre negros e brancos durante a segregação nos Estados Unidos, se ele não tivesse sido assassinado no auge de seu propósito? Seu fim perpetuou sua vida.

Cada dia vivido nos prepara para o fim. Essa não é uma visão pessimista, é realista. Nossa existência só é possível em razão de nossa vida e morte. E a morte nos lembra da urgência de valorizar a vida.

Trabalhe apaixonadamente hoje para que seu fim seja melhor do que o seu começo, pois, dessa forma, todos se lembrarão de você.

Ligue para alguém com quem você não fala há muito tempo devido a algum mal-entendido e se reconcilie hoje mesmo!

Lembre-se: o orgulho não tem serventia alguma se o seu objetivo é ser feliz!

@tiagobrunet

IDENTIDADE

O conteúdo filosófico mais citado, desde a Antiguidade, sempre está relacionado à identidade.

Uma célebre frase inscrita na entrada do templo de Delfos demonstra a preocupação com esse tema: "Conhece-te a ti mesmo". Para a filosofia e a teologia, descobrir quem é você e desvendar o seu destino são as bases da construção de uma identidade.

Perguntas como "Quem sou eu?", "Para onde vou?" e "De onde vim?" revelam que o ser humano, desde a Antiguidade, tem uma sede insaciável pela descoberta do verdadeiro eu. Somos todos formados por influências internas e externas, pelo aglomerado de vivências e experiências como indivíduos. Temperamento, relacionamentos, estrutura familiar, religião e cultura também são determinantes. A questão que fica é o que podemos fazer para não perdermos a identidade. Cientificamente, estudos indicam que trauma ou mutação no sistema biopsíquico influenciam essas alterações.*

Já fui ao Japão algumas vezes para ministrar treinamentos de liderança em cidades próximas a Tóquio. Lembro-me de que, em certa ocasião, no fim de uma das palestras, uma jovem japonesa se aproximou de mim e começou a contar sua história de superação, que envolvia até uma tentativa de suicídio. Ela encontrou na fé cristã a resposta que procurava. Ao perguntar como fora sua infância, surgiu a revelação de um trauma. A garota fora "órfã de pai vivo", padecera sem amor da mãe, que estava desorientada por distúrbios psiquiátricos, e sofrera abusos físicos do irmão. Isso tudo antes dos oito anos. Esse conjunto de acontecimen-

---

* LANIUS, Ruth A. *et al.* The Dissociative Subtype of Posttraumatic Stress Disorder: Rationale, Clinical and Neurobiological Evidence, and Implications. *Depress Anxiety*, [S.l.], v. 29, n. 8, pp. 701-8, 2012.

tos fez com que ela construísse uma nova identidade para sobreviver àquele inferno, ser aceita fora de casa e sair de lá o mais rápido possível. Foi assim que ela começou a se prostituir aos quinze anos e tentou suicídio aos dezesseis.

Ao estudar casos como esse, percebi que os sistemas psíquico e espiritual da humanidade sofreram alguma mutação. É complexo entender, mas me permita explicar. No momento atual, consumimos cada vez mais informações e em ritmo cada vez mais acelerado. A mídia, a TV, a política, a cultura, a inteligência artificial e a falsa religião influenciam de tal forma nosso cérebro, comportamento e pensamentos que, metaforicamente, podemos dizer que estão sabotando nosso DNA. Vivemos uma geração transgênica. Querem nos modificar para que desejemos apenas consumir e, assim, nos tornemos geradores de lucro.

Blaise Pascal (1623-1662), filósofo e teólogo francês, acreditava que uma das prioridades do nosso cérebro é pensar sobre nós mesmos, não somente nas coisas exteriores a nós. É uma ideia muito similar à dos pensadores da Antiguidade: "Conhece-te a ti mesmo".

A tarefa principal do homem parece ainda ser conhecer a si mesmo. Essa necessidade passou pela Antiguidade, pela Idade Média, pela Moderna e chegou até nossos dias. Apesar disso, o empreendimento não ficou mais fácil. Nossa razão nos atrapalha a alcançar essa meta, pois somos fracos, incrédulos e imprecisos. Além disso, somos impotentes diante das mazelas humanas, como a morte e a ignorância.

Para fugir dessas duras questões, muitos escolhem não pensar. Pascal define essa estratégia como divertimento, distração, o entretenimento nos nossos dias. Divertir-se é uma forma de se distrair, de se distanciar da realidade que se vive ou do futuro que nos espera.

Uma pessoa que não deixa seus traumas e mazelas influenciarem sua vida é alguém focado no futuro, que sonha em contribuir com a humanidade, que encontrou o sentido da vida. Aquele que ainda não "aliviou sua bagagem emocional e espiritual", por sua vez, sente suas misérias e, quando não tem nada que possa fazer a esse respeito, vive em sofrimento. O entretenimento, então, ajuda a afastar a alma do vazio e do tédio.

A diversão, em muitos casos, é uma forma de fuga de nós mesmos. Por isso existe tanto entretenimento em lugares nos quais só deveria prevalecer a instrução, como as igrejas. Para muitas pessoas, ir a um templo é apenas uma diversão, uma distração dos problemas e vazios existenciais. Afirmo isso com base nas pesquisas que o Instituto Destiny, fundado por mim, faz de tempo em tempo com pessoas de várias partes do mundo, principalmente da América Latina.

O homem está "disposto a negar tudo o que lhe é incompreensível",* dizia o próprio Pascal. Negamos, afastamos, repulsamos tudo o que não compreendemos. A "felicidade" do entretenimento está na ignorância: é uma maneira de esconder debaixo do tapete o que a pessoa ainda não compreende totalmente. Quanto mais nos conhecemos, maior senso de responsabilidade temos — e, com ele, vem um peso que apenas será possível carregar se houver inteligência emocional. Como diz a Bíblia: "A quem muito foi dado, muito será exigido" (Lucas 12:48-KJA).

Cabe ressaltar aqui que não sou contra o ócio, contra os hobbies, nem contra o descanso com entretenimento. Se você acompanhar minhas redes sociais, perceberá que também tenho esse tempo. Estou apresentando o pensamento de Pascal para reforçar a importância do pensamento.

Pensar é um ato poderoso que nos tira da condição de manipulados e nos concede o status de tomadores de deci-

---

* PASCAL, Blaise. *Pensamentos*. São Paulo: Abril Cultural, 1973. p. 352. v. XVI. (Os Pensadores)

são, responsáveis por nossos atos. Lembre-se de que toda escolha gera perda. Se você decidir fazer dieta para emagrecer, perderá o prazer das guloseimas. Se optar por comer de tudo, abrirá mão do que considera o peso ideal e até da saúde. No entanto, quando as perdas são calculadas, quando escolhemos perdê-las, sentimos menos dores. Inevitavelmente, vivemos uma vida de sacrifícios, mas quando sabemos quem somos não sofremos.

Atente ao seu tempo de entretenimento para que seja bem aproveitado e para que não roube (como o excesso de redes sociais o faz, por exemplo) sua capacidade de pensar e evoluir em autoconhecimento.

DESENHANDO SEU NOVO LAYOUT

Uma das funções das atualizações de aplicativos de celular é redesenhar o layout do produto, o que significa estabelecer um novo padrão de organização para armazenamento de dados, fotos, recursos, entre outras funções. Layout, portanto, é o design de um aplicativo, é aquilo que as pessoas veem e o que transmite sua imagem. Um aplicativo pode ser bom para realizar determinada tarefa, mas, se não for intuitivo — com design atraente e que facilite a interação do usuário com a plataforma —, ninguém vai querer usá-lo.

Para aplicar esse conteúdo ao estudo que estamos desenvolvendo, o seu layout é como as pessoas veem você. E, para que seu layout transmita o que realmente é, você precisa ter noção de sua visão e missão, dos seus valores e propósito.

Visão refere-se ao futuro. É como nos vemos daqui dez ou vinte anos. Mais importante do que ter visão, é ser treinado para ela, ser direcionado para algo específico. De nada adianta o futuro "chegar", mas você não saber o que fazer com ele, como aproveitá-lo da melhor maneira. E, pior, se

Para transmitir o que realmente é, você precisa de visão, missão, valores e propósito.

@tiagobrunet
EMOÇÕES INTELIGENTES

realmente era esse futuro que você desejava. De que adianta, por exemplo, um neurocirurgião ser treinado pelo melhor ortodontista do mundo? Quando você está com dor de dente, não basta ser amigo do melhor oftalmologista da cidade. Seu treinamento e sua especialização, por conseguinte, devem ter como foco aquilo que você espera alcançar no futuro.

Jim Collins (1958-), famoso consultor de negócios americano, a quem tive o prazer de assistir pessoalmente em uma palestra, em Chicago, nos Estados Unidos, ressalta, em seu livro *Empresas feitas para vencer,* que a intensidade do treinamento determina a velocidade com que se chega ao futuro.* A visão é fundamental, pois sem ela não saberemos em que investir hoje para colher frutos amanhã. Não saberemos aonde vamos nem o que faremos na semana seguinte.

Na década de 1980, quando as mais excelentes empresas da América perceberam que o mundo estava em transformação devido à tecnologia, investiram pesado no treinamento nessa área. Quando Walt Disney sonhou com os parques como os conhecemos hoje, não tinha nada além de uma visão do futuro. Esse é o ponto inicial para qualquer grande realização na vida. A visão aponta o destino e, com isso, podemos colocar nossa energia no cumprimento da missão.

E o que falar sobre a OpenIA, a empresa que lançou o ChatGPT, em 2022, uma inteligência artificial generativa que nos auxilia em diversas tarefas? Mesmo que, a princípio, a empresa não acreditasse muito no alcance do ChatGPT ou que ele de fato pudesse ser concretizado, a OpenIA projetou a visão de um recurso que facilitasse a realização de atividades que, antes, demandavam muitas horas de trabalho e equipes enormes. Além disso, a ferramenta deveria ser de fácil acessibilidade e proporcionar ao usuário uma expe-

---

* COLLINS, Jim. *Empresas feitas para vencer:* por que algumas empresas alcançam excelência e outras não. Rio de Janeiro: Campus, 2001.

A visão aponta o destino e, com isso, podemos colocar nossa energia no cumprimento da missão.

@tiagobrunet

EMOÇÕES INTELIGENTES

riência de interação *quase* humana, com resultados convincentes. A empresa atingiu seu objetivo e foi o gatilho para a disrupção de diversas empresas tecnológicas.

Depois de identificar sua visão, a missão é o próximo passo. Trata-se daquilo que você deve fazer diariamente para que o futuro chegue no prazo estipulado. A partir do momento em que o destino fica claro, é preciso percorrer o caminho para alcançá-lo. Esse percurso é a missão. Sem visão, uma missão perde o sentido. Sem missão, não é possível colocar a visão em prática.

Quando um soldado vai à guerra e recebe uma missão, ele a cumpre porque recebeu uma ordem e porque tem a visão do que um dia se cumprirá. Ele não vai para as trincheiras enfrentar inimigos apenas porque essa é sua missão, mas o faz para levar paz à sua nação mediante a vitória da batalha.

A guerra entre Rússia e Ucrânia, iniciada em 2022 após a invasão do território ucraniano pelos russos, é um exemplo da relação entre visão e missão. Apesar de não ser favorável a esses confrontos, o exemplo é necessário para ilustrar aonde quero chegar. Pela perspectiva da Ucrânia, os soldados receberam diversas missões com a finalidade de manter a liberdade e a independência de seu país (visão). Pela perspectiva de seus opositores, a visão é conquistar um território que a Rússia considera seu; para isso, elabora diversas missões de guerra.

Uma missão sem visão perde o sentido e pode provocar revolta. Quando chefes, líderes ou até mesmo pais transmitem uma missão aos seus liderados ou filhos sem revelar a visão, ou seja, o futuro, quem recebe a missão pode se sentir usado ou atuante em tarefas desnecessárias. Trabalhar em uma missão sem saber aonde se quer chegar cansa e desanima!

Neste capítulo, você teve diversas oportunidades para refletir a respeito de quem é, bem como recebeu ferramentas para começar a desenvolver seu "novo layout". Também aprendeu o que é visão e missão. Agora chegou o momento de *definir seu futuro*, sua visão, de mirar o "horizonte", o objetivo que você tanto quer e começar a caminhar em direção a ele.

Com uma visão bem definida, por mais difícil que seja a missão, nunca faltará paixão para realizá-la.

CAPÍTULO 6

Descubra o que você quer da vida

Às vezes, andamos no caminho errado convencidos de que estamos percorrendo o certo. O problema é que pode levar dez ou quinze anos para termos essa percepção. Melhor seria sabermos o mais rápido possível.

Um dos maiores problemas de nossa vida pode ser saber com certeza se estamos fazendo as escolhas corretas. Para isso, precisamos estar preparados para responder a essas questões:

- Você sabe se realmente está no caminho certo?
- Você está conectado às pessoas corretas?
- Já descobriu quem é você?
- Você sabe o que quer de verdade?

Responder a todos esses questionamentos é um desafio, porque o ser humano não sabe lidar com a vida terrena. Se soubesse, todos estariam felizes, realizados profissional, emocional e sentimentalmente; também teriam inteligência espiritual e emocional e senso de existência. Na verdade, a maioria das pessoas está completamente perdida e se deixa ser conduzida pelos acasos da vida sem perceber que caminham para o buraco, para a negatividade. Além disso, elas têm dificuldade para enxergar os problemas que essas situações causam ou não sabem como sair do círculo vicioso.

Você está um passo na frente, pois, por ter atingido este trecho da leitura, já sabe como se livrar desse problema e já deu alguns passos para desenvolver sua inteligência emocional. Também já parou de culpar os outros por tudo o que acontece com você. Já refletiu sobre quem é você. E começou a assumir o controle da própria vida.

Para continuar em sua caminhada, é preciso certificar-se de qual é a sua visão, do que você quer de verdade. Veja um *case* de um curso de coaching e inteligência do Instituto Destiny que dei no Rio de Janeiro. Em uma das dinâmicas, uma participante disse que seu sonho era ter uma casa de eventos. Então lhe perguntei:

— O que você faz hoje?

— Hoje eu trabalho com bufê itinerante — ela respondeu. — Eu o levo à festa das pessoas, à casa delas ou aonde elas forem realizar o evento. Mas meu sonho mesmo é ter uma casa de festas.

— Conte-me um pouco da sua vida. Como você chegou até aqui hoje?

A moça começou a relatar as dificuldades financeiras pelas quais passara na infância e revelou que era insegura emocionalmente em relação à criação dos filhos, porque não queria que eles passassem pelas mesmas privações que ela tinha enfrentado. Por seu histórico, percebi que seu objetivo real não era ter uma casa de festas, mas encontrar segurança financeira. Foi então que lhe fiz a seguinte pergunta-chave:

— Se hoje eu ensinar para você uma técnica para quadruplicar seus rendimentos com o bufê itinerante, ainda assim achará necessário ter uma casa de festas?

— Não — ela respondeu automaticamente. — Hoje eu realmente preciso ganhar mais, para dar segurança aos meus filhos. Preciso ter um investimento futuro, pagar um plano de saúde bom e um seguro de vida. Caso algo aconteça, meus filhos só têm a mim.

Na sequência, mostrei a essa participante que o problema dela não era "o problema" — ou, mais do que isso, o sonho dela não era um sonho de verdade, mas uma ferramenta para conseguir o que ela de fato queria: segurança financeira.

Há quem perca a vida correndo atrás de um sonho que, na verdade, deveria ser só uma ferramenta, um caminho (ou parte dele), a missão. Não era para ser o fim, o destino, a visão. Descobrir o que realmente queremos é um dos segredos fundamentais que devemos desvendar, a fim de descobrirmos nosso propósito e de termos uma vida saudável espiritual, emocional e financeiramente. Se empenharmos nossa força e energia em algo que não é o que queremos, com o tempo nos daremos conta disso e veremos quanto tempo desperdiçamos. E estaremos exaustos.

Outro fato interessante aconteceu com outro participante de um curso ministrado em São Paulo. Antes de começar o treinamento, ele afirmava:

— Eu sou empresário do ramo de importação. Tomar as decisões mais corretas está complicado para mim. Estou passando por um momento financeiro muito difícil.

Para ele, seu problema era financeiro. Depois do treinamento, porém, ele passou a se apresentar de uma maneira diferente:

— Meu nome é Edmundo. Como alguns talvez se lembrem, cheguei aqui achando que todos os meus problemas eram financeiros, mas percebi que não era nada disso. Quando você começou o curso — ele se dirigiu a mim —, pensei: "O que ele está falando? Não estou entendendo nada". Na verdade, não vim atrás de dinheiro, vim procurar a minha família, porque moro em Santos sozinho e minha mulher vive em São Paulo, também sozinha. E nós dois começa-

O problema
nem sempre é o
problema, mas
a consequência de
um padrão.

@tiagobrunet

EMOÇÕES INTELIGENTES

mos a discutir. Dinheiro não é mais importante. Meu negócio é minha família.

Certa vez, comentei com alguns amigos que, se há alguns anos eu tivesse a mentalidade que tenho hoje, teria multiplicado meus resultados de modo excepcional e tomado decisões completamente diferentes. A verdade é que precisamos ter consciência de que nossas decisões e as pessoas com quem nos conectamos formataram quem somos neste momento. O que fizemos ontem determinou o que somos e onde estamos hoje. É a lei da semeadura em ação, como abordei. O melhor dela é que temos a oportunidade hoje de criar um amanhã diferente.

Tenho quase certeza de que você não está no lugar em que gostaria de estar. Para chegar ao local dos seus sonhos realizados, dos seus projetos em andamento, dos seus alvos e objetivos alcançados, é necessário descobrir qual é o seu real problema, porque todos temos pelo menos um deles. Quem não tiver que atire a primeira pedra. A verdade é que todos passamos por problemas e que a maioria deles são construídos; eles não surgem do nada. Há, sim, acidentes de percurso, mas a maioria das situações que precisamos resolver é criada por causa de nossas deficiências emocionais.

Muitas situações de nossa vida geram sufocamento e opressão. Se o ser humano tivesse a solução completa para os problemas, a sociedade não estaria vivendo em caos. Ao focar seu desenvolvimento, você vai conseguir diminuir muito o tamanho de seus problemas. Na verdade, vai descobrir o que realmente é um problema ou não.

Faça uma lista dos seus cinco principais problemas atuais. Repare que a maioria é de fundo emocional ou financeiro. Se você sofreu um acidente, por exemplo, e hoje sabe lidar com isso, compreenda que esse acidente não escolheu você, apenas aconteceu. Lidar com a situação é uma escolha emocional sua; apesar de difícil, há ferramentas que podem ajudá-lo a encontrar uma solução, como as conexões que você faz.

Meu *networking* me levou aos mentores que tenho hoje, os quais me ajudam a solucionar meus problemas. Eles não decidem meu futuro por mim nem resolvem meus problemas por mim, mas me apresentam opções e caminhos para que eu mesmo decida adequadamente como seguir. Eu decido. Eu me responsabilizo por minhas atitudes e meus resultados.

DESCOBRINDO O QUE VOCÊ REALMENTE QUER

Faça-se a seguinte pergunta e anote a resposta: "O que eu realmente quero?". Se a sua resposta for algo material, como: "Eu quero um carro novo. Quero comprar uma Land Rover, pois esse é meu sonho", pare e reflita se essa é a verdade ou se sua intenção é ser aceito pelos amigos, ou mostrar para os seus pais que você venceu na vida. Às vezes, o carro é apenas uma desculpa para resolver um complexo de aceitação, de inferioridade, rejeição etc.

Em seguida, responda: "Qual padrão está gerando os meus problemas?". Se o seu problema for de ordem financeira, talvez ele seja consequência de um padrão que, como foi no meu caso, faz você gastar mais do que ganha e comprar coisas de que não precisa apenas para mostrar aos outros suas conquistas materiais. O meu padrão emocional prejudicava minhas finanças, enfraquecia minha conta bancária, roubava toda a inteligência que eu poderia ter um dia na área financeira e gerava minhas dificuldades.

Certa vez, em uma conversa no Instituto Destiny, minha equipe e eu discutimos sobre o que provavelmente acontece com alguém que teve um impacto emocional provocado pela ausência da figura paterna em casa. Uma vez que a família é um agente socializador importante para o desenvolvimento humano, a ausência ou abandono na infância pode ter diversas consequências para a criança, pode impactar sua vida adulta e contribuir para problemas na formação da personalidade. Ela também pode desenvolver sentimentos de insegurança, dificuldades de convivência social, problemas de autoestima e levar, por exemplo, a transtornos de ansiedade.* A história de uma pessoa pode influenciar na formação de padrões de comportamento e em problemas.

Você precisa entender que há padrões que geram os problemas das "pessoas difíceis" com quem você convive, tanto na família como no trabalho. Se você quiser mudar e ser agente de transformação dos outros, tem de saber identificar tais padrões para resolver as consequências.

Analise se você está no caminho certo! Por dez anos, fui empresário e me dediquei ao turismo internacional. Achava que estava no caminho certo, pois acreditava estar atingindo alguns níveis de realização. Na verdade, eu só iria alcançá-los como mentor, como treinador de pessoas, como um estrategista de liderança. Apostei todas as minhas fichas em um lugar que foi apenas um treinamento, uma preparação para o que eu vivo hoje.

No meio de minha trajetória na área do turismo, com muitas dificuldades e muitos conflitos, comecei a perceber que o que define se o caminho é certo ou errado, verdadeiro ou falso, é o *propósito de vida*, o que nos leva a retomar nossa Ideia Central Permanente (ICP) em torno da qual todos os nossos projetos e afazeres devem sempre girar, pois é ela que nos manterá motivados sempre; ela está conosco desde a infância e permanecerá até morrermos.

---

* TRAPP, Edgar H. H.; ANDRADE, Railma de Souza. As consequências da ausência paterna na vida emocional dos filhos. *Revista Ciência Contemporânea*, Belo Horizonte, v. 2, n. 1, pp. 45-53, 2017.

Eu também somente descobri meu caminho porque desvendei a minha ICP, meu propósito de vida. Quando você tiver a certeza de quem é de verdade, para que nasceu, do que está fazendo na terra e para onde está indo, conseguirá escolher o melhor caminho.

No meu caso, fui levado a treinar milhares de pessoas e a criar as aulas nas quais ensino os princípios milenares que conduzem à vida de paz e prosperidade. Nessa jornada, tenho mostrado aos meus alunos e alunas que nossas conexões definem o nosso destino. As pessoas com quem nos conectamos, conforme dito, definem até onde iremos. Precisamos, então, *escolher o caminho certo e quem nos acompanhará durante a caminhada.*

Um exemplo da inteligência bíblica de que gosto muito é a história de Abraão, que escutou a voz de Deus: "Sai da sua terra, da sua parentela e da casa de seu pai e vai para a terra que ainda te mostrarei" (Gênesis 12:1). Ele teve fé suficiente para obedecer a uma voz que o orientou a deixar tudo para trás — segurança emocional e financeira, porque ele morava com o pai, um grande empreendedor da cidade, e era apegado à família e aos amigos de infância — e seguir para uma terra que ele ainda nem sabia qual era.

Abraão, porém, não teve inteligência emocional suficiente para decidir quem iria com ele e, desse modo, desobedeceu a Deus ("sai da sua parentela") ao levar Ló, seu sobrinho. O patriarca discutiu com ele sobre o rebanho no caminho. Isso desencadeou uma série de conflitos e a caminhada ficou mais difícil. A culpa foi do próprio Abraão.

Você decide quem leva pelo caminho, de quem quer estar ao lado. Não adianta estar na missão correta se estiver com as pessoas erradas. A vida é complicada, mas a mentoria a facilita bastante. Sem conselho e instrução, não se vai muito longe. Não nascemos com pleno conhecimento sobre tudo e todas as coisas. Nós vivemos em um mundo inconstante, que muda a

Tão importante
quanto escolher
o caminho certo
é escolher quem
nos acompanhará
durante a
caminhada.

@tiagobrunet
EMOÇÕES INTELIGENTES

cada minuto, a cada segundo; mudam os valores, o mercado, as finanças, a tecnologia, a ciência. O papel de um mentor é nos guiar nas estradas esburacadas da vida.

Para saber como escolher um mentor, comece por fazer um check-up de sua vida e um checklist de tudo o que precisa mudar a partir de hoje.

Encontrar o mentor certo é um grande desafio, principalmente porque a relação de mentoria costuma ser uma escolha tanto do mentorado quanto do mentor, pois a relação precisa dar um *match*, deve haver química entre as duas pessoas. A mentoria é uma relação dinâmica de troca de conhecimento e desenvolvimento — seja pessoal, profissional ou espiritual — que requer confiança. O mentorado, aquele que busca orientação, precisa confiar que está se consultando com alguém que lhe proporcionará insights e conhecimentos valiosos, bem como estar confortável a ponto de compartilhar suas necessidades e preocupações. Ao mesmo tempo, o mentor, aquele que orienta, precisa encontrar no mentorado algo que o atraia, que o faça acreditar que pode verdadeiramente contribuir para o desenvolvimento dele.

Pedro, Tiago e João, por exemplo, estavam pescando quando Jesus se aproximou e viu neles um padrão: um coração disponível. Cristo acreditou que estavam preparados para aquela missão e os desafiou a seguir com ele e a serem mentoreados.

O mentor está, de alguma maneira, acima de você, tem mais experiência em relação ao assunto para o qual você precisa de mentoria e já conquistou o que você, por enquanto, ainda sonha conquistar. O que fará essa pessoa dar a você o que ela tem: informações, conhecimento, o mapa da mina, é o padrão de comportamento, a sede por conhecimento e a sabedoria de como se relacionar. Do mesmo modo que o mentorado tem de confiar no mentor, o mentor tem de confiar na capacidade de crescimento do mentorado.

A mentoria tem poder transformador, mas também tem uma dificuldade. Quando busquei pelos meus mentores ou me deixei achar por eles, paguei um alto preço. Um mentor compartilhará sua experiência, mas principalmente indicará fragilidades, pontos de melhoria para chegar à excelência em determinado assunto, o que significa que você deve estar com o emocional preparado para saber ouvir, refletir e treinar com constância a partir das dicas que receber.

Ser mentoreado exige um sacrifício atrás do outro, mas, uma vez que o mentor começar a ver que você está empenhado, ele ficará mais motivado para estar ao seu lado. Uma vez que você notar os primeiros resultados da mentoria, se sentirá mais seguro e se empenhará ainda mais. A mentoria é um processo dinâmico, adaptável e que requer flexibilidade constante. É trabalho árduo, mas que possibilita a evolução de todos os envolvidos.

COMPORTAMENTO, TEMPERAMENTO E CRENÇAS LIMITANTES

Comportamento, temperamento e crenças limitantes são três problemas que, quando resolvidos, permitirão a você maximizar o seu potencial de forma que seus frutos e resultados sejam muito claros.

É provável que você já tenha se sentido excluído de um grupo social por considerarem seu comportamento inadequado para aquele momento. Possivelmente, você já perdeu oportunidades e muitas pessoas deixaram de andar ao seu lado por esse motivo. Talvez você tenha o costume de gritar ou de recuar muito quando alguém grita com você, ou seu temperamento seja explosivo, ou ainda você tenha dificuldades para lidar com as próprias emoções e com as dos outros.

Um dos principais fatores do sucesso é a forma como uma pessoa se comporta financeira, emocional e fisicamente — se a linguagem corporal é alinhada com a verbal e vice-versa, ou seja, se o comportamento é adequado para onde ela quer chegar. Se você, por exemplo, quer ser rico, apesar de hoje não o ser, precisa se comportar como tal, porque os comportamentos atraem o tipo de pessoa e os investimentos de que você precisa para alcançar seus objetivos.

Seu comportamento define quem anda com você, se você fica em um emprego ou não. Não importa o seu talento, o tamanho do seu dom; é o seu comportamento que determina se você fica ou não em um lugar. Pessoas com bons currículos perdem oportunidades atraentes, porque grandes empresas e instituições preferem pessoas que sabem se comportar a extensos currículos. Comportamento emocional, espiritual, físico, verbal e corporal define muito mais como um indivíduo é visto do que um papel no qual se registram os cursos ou faculdades concluídos.

Comportar-se bem é um desafio, assim como tudo aquilo que devemos realizar bem na vida. É preciso treinamento. Se ficarmos do jeito que estamos, vamos sempre estar mal ou, pelo menos, abaixo da média. Para você ser um ser humano acima da média, alguém com bons resultados, precisará dedicar atenção a como se comportar.

Para, a partir de agora, você mudar sua forma de agir, primeiro, tenha consciência dos seus atos. A consciência é o juiz supremo dos nossos comportamentos, é quem define o que é certo ou o que é errado. No entanto, ela não nasce pronta, mas precisa ser treinada, caso contrário você corre o risco de ter comportamentos inadequados e de afastar pessoas estratégicas que poderiam estar ao seu lado.

Durante uma palestra para quase duas mil pessoas no Brasil, fiz uma brincadeira com um dos líderes principais do evento a respeito da roupa dele. Todo mundo riu muito, mas a minha consciência acusou logo depois que esse meu comportamento não foi adequado. Na hora do almoço, eu o chamei e falei:

— Quero te pedir perdão pela brincadeira que fiz.

Ele abaixou a cabeça e disse:

— É, fiquei muito constrangido, mas, como todo mundo riu, relevei.

— Se puder, dê-me o privilégio de levá-lo para jantar hoje e tentar de alguma forma compensá-lo por isso — pedi, não apenas porque era um grande líder, mas principalmente porque eu havia sido indelicado com ele.

Minha consciência treinada apontou de imediato para meu mau comportamento. Fui humilde o suficiente para refazer e restabelecer minha conexão emocional com aquele homem e para impedir que uma intriga ou inimizade fosse criada por uma indelicadeza minha.

Se a sua consciência não o acusa, se você não tem ou não desenvolveu autoconsciência, nunca conseguirá liderar os seus comportamentos. Comportar-se bem é fundamental.

O temperamento, por sua vez, gera resultados extraordinários na sua vida. São quatro os principais temperamentos do ser humano: dominante, extrovertido, analítico e paciente, os quais obrigatoriamente governam as atitudes, os pensamentos, a forma de se expressar.

O *dominante* é aquela pessoa que fala mais alto, odeia indecisões e está preocupada só com os resultados; não quer saber dos processos. Não gosta de respostas indiretas, é geralmente impaciente e até insensível. Sua avaliação é baseada nas realizações, ou seja, vê as outras pessoas não pelo que elas são de verdade, mas pelo que elas têm. O dominante, porém, tem uma tendência muito forte para a liderança e para resolver problemas difíceis.

O *extrovertido* é simpático, entusiasta e amigo de todos, mas prefere liberdade a controle. Tem problema com horários, gosta de chamar a atenção para si e é muito autoconfiante e persuasivo; então, às vezes tem comportamentos indelicados. Usa bem a linguagem verbal e age por impulso e emoção. Por outro lado, atrai os outros por sua simpatia, empatia e carisma. É carismático por natureza, mas sem flexibilidade pode ser irresponsável e, principalmente, não ter força para enfrentar problemas.

O *analítico* é a pessoa que gosta de fazer planilhas e de calcular tudo por natureza, tanto para comprar um carro quanto para saber quantos quilômetros um veículo anda por litro. O analítico até lê o manual de instruções da geladeira que compra. Se vai viajar com a família, monta um roteiro, com os mínimos detalhes, de todas as atividades que fará. Ele é enfático, exigente e ama a excelência. É organizado e voltado para processos. É perfeccionista, sistemático nos relacionamentos, valoriza a verdade e a precisão. Decide tudo com base na lógica, quer saber de fatos e detalhes, tem enorme tendência a se preocupar, exige alto padrão de si mesmo e dos outros, não expressa opinião sem ter certeza, é muito consciente e é racional para traçar soluções de problemas.

O *paciente*, por fim, é aquele que se afasta de conflitos, gosta de eficiência e planejamento e rejeita mudanças na última hora. Gosta de ambientes fechados, tranquilos, quase nunca discute e evita problemas. Prefere identificar-se com a empresa, instituição ou o grupo em que está inserido, é um bom ouvinte, busca sempre a lealdade, importa-se com a equipe de trabalho e é bem metódico. Também é muito indeciso, não sabe o que quer, não tem gana de crescer na vida, por isso procura se adaptar onde estiver. Está sempre conectado às pessoas e tem relacionamentos profundos.

Independentemente do temperamento que você tenha, saiba que é preciso equilibrá-lo, pois sem isso ele pode ser prejudicial. Quando um dominante se casa com uma paciente, por exemplo, poderá oprimir sua cônjuge, que não terá poder de reação porque seu temperamento a orienta a fugir de conflitos. Em contrapartida, se um dominante se casa com uma dominante, são duas cabeças pensantes, duas pessoas com espírito de liderança, batendo de frente, ambas impacientes.

É necessário que você conheça os quatro temperamentos para identificar o seu e, assim, poder lidar melhor consigo mesmo. Lembro que eu ministrava um curso em Miami, nos Estados Unidos, quando tive contato pela primeira vez com o SOAR, uma técnica de análise de temperamento e perfis comportamentais. Com o resultado do teste, percebi que era dominante e que acabava sendo insensível com as pessoas. Ficava nervoso rápido demais, por ser impaciente, maior característica do dominante. Quando consegui determinar quem eu era, investigar minhas fortalezas e fraquezas, ficou mais fácil começar meu treinamento e identificar o comportamento das pessoas que conviviam comigo. Passei, portanto, a ser uma pessoa muito melhor de se relacionar.

Você pode estar pensando: "Mas eu tenho um pouco de cada temperamento". Perceber que tem um pouquinho de cada um é normal, mas com certeza um deles é o seu principal temperamento.

Eu, por exemplo, sou um dominante e também tenho características do paciente. Quando me identifiquei como dominante e vi que a impaciência é a maior característica de uma pessoa com esse temperamento, pude localizar as ferramentas necessárias para que eu me tornasse mais paciente e, depois, treinei até encontrar o equilíbrio.

As crenças limitantes, por sua vez, podem ser definidas com o seguinte exemplo. Quando crianças, nossas emoções são como uma esponja; não conseguimos filtrar o que pode ou não entrar na nossa mente e no nosso coração. Tudo é usado para moldar nossos padrões emocionais. Crescemos com essas informações como se fossem verdades absolutas.

O que você não consegue identificar nunca será tratado ou transformado.

@tiagobrunet

EMOÇÕES INTELIGENTES

Altas hierarquias emocionais, como pai, mãe, avós, professores, quando falam algo marcante — seja bom ou ruim, e muitas vezes sem querer —, criam um padrão emocional que pode se tornar uma crença limitante na fase adulta.

Pessoas que escutaram na infância "Você não vale nada!", "Você nunca vai ser nada!", "Você não pode!", "Você não merece!" ou "Isso não é para você, porque você é preto/pobre!" carregarão essas crenças para a vida, o que dificultará que elas deem o passo de que precisam para seu desenvolvimento. As crenças limitantes aparecem justamente quando estamos no meio de uma mudança de vida, diante de uma janela de oportunidade, quando escutamos aquela voz interior nos depreciar: "Você não pode", "Você não merece", "Isso não é para você".

Crenças limitantes têm prendido pessoas que nasceram para ser vitoriosas, para vencer e para ter o melhor na vida. Sempre digo: "A eternidade é o nosso destino maior, mas esse mundo é o nosso processo". É preciso passar pelo processo da melhor maneira possível para alcançar o objetivo. Ou seja, enquanto estamos aqui, é necessário ser feliz, viver da melhor forma possível, ajudar o máximo de pessoas que pudermos.

Algumas das perguntas que surgem nesse processo são:

- Como ajudar alguém se não somos ajudados?
- Como dar amor se não temos amor?
- Como ajudar a curar sem estar curado?
- Como alimentar pessoas quando não se é alimentado física, emocional e espiritualmente?

Agora, desafio você a quebrar suas crenças limitantes. Tenha calma e vá por etapas. Comece identificando quais são elas. Anote-as em um papel; descreva qual voz interior negativa vem à sua mente quando você está prestes a conquistar alguma coisa. Talvez seja importante fechar os olhos por um minuto, voltar no tempo e lembrar da sua primeira memória na vida, pois ela está relacionada a uma emoção, seja ela positiva ou negativa, e provavelmente é o estado emocional que guia a sua vida até hoje.

A primeira memória da minha vida foi um pouco traumática. E notei que um problema que eu tive na adolescência estava diretamente ligado a um problema que tive com quatro anos de idade. Assim como eu, você precisa identificar onde entrou essa crença, onde começou essa limitação, para chegar à solução.

Prestes a agarrar uma grande oportunidade, eu sempre escutava dentro de mim: "Você não merece". Lembro que a primeira vez que voei de primeira classe na minha vida foi em um voo para Paris. Assim que me sentei na poltrona, ouvi uma voz em minha mente: "O que você está fazendo aqui? Você não merece". Toda vez que você tiver uma grande oportunidade vai escutar essa voz interior negativa, que tentará parar seu emocional. A nossa mente tem o poder de controlar tudo: pensamentos, sentimentos, reações. Por isso, se você conseguir controlar e governar sua mente, será uma pessoa muito melhor. Quem não governa a si mesmo não consegue controlar mais nada.

A solução para quebrar uma crença limitante é o confronto. Você nunca vai quebrar ou romper uma limitação se não a confrontar. Numa ocasião, atendi um grande advogado tributarista, reconhecido pelo que faz. Em uma sessão de mentoria, conseguimos detectar a seguinte crença limitante: "Eu não posso". Em um período de cinquenta minutos, ele falou mais ou menos treze vezes: "Eu não posso". Perguntei, então:

— Por que você acha que não pode?

— Para mim é difícil, minha vida não foi fácil — ele justificou.

Somente a fé resolve o que é *impossível* na sua vida; já o *possível* será modificado apenas por meio de sua inteligência emocional, financeira e espiritual.

@tiagobrunet
EMOÇÕES INTELIGENTES

Ele sempre tinha uma desculpa para chegar ao "Eu não posso". Observe como revelei a ele que essa era uma crença limitante e o fiz confrontá-la:

— Você conseguiu terminar uma faculdade?

— Sim — ele respondeu.

— Conseguiu passar na prova da OAB? Conseguiu ser um advogado de renome? Conseguiu formar uma família?

— Sim. Sim e sim.

— Você está me dizendo que conseguiu o que poucas pessoas conseguem: ser uma pessoa de bem, ter uma família equilibrada, ter um bom emprego... Mas não consegue fazer outra coisa muito importante para você? — E continuei: — Isso é real ou é uma crença limitante? Você realmente não consegue ou é uma invenção da sua mente para parar você? Quando teve início esse "Eu não posso"?

Ele lembrou então que, aos oito ou nove anos de idade, estava pescando quando, após alguma trapalhada que fez no barco, o pai dele falou: "Isso você não pode. Você não tem capacidade para pescar. Não tem idade o suficiente". A fala do pai se tornou uma crença limitante, e ele nunca tinha percebido isso. Muitas vezes, o verdadeiro problema não é o medo.

As cinco maiores crenças limitantes do ser humano implantadas na mente ainda na infância e que impedem muitas pessoas de avançar são:

- "Eu não posso";
- "Eu não mereço";
- "Isso não é para mim";
- "Eu sou burro"; e
- "Isso nunca vai acontecer comigo".

Ter um comportamento adequado, o temperamento equilibrado e quebrar crenças limitantes foram processos pelos quais eu passei para atingir um nível de transformação que gerou o Tiago de hoje, que não é o mesmo de cinco anos atrás. A minha forma de ver o mundo mudou, assim como eu mudei. Passei a lidar com as pessoas de maneira diferente.

Se você tiver inteligência financeira, emocional e espiritual, além dos contatos corretos, nada será difícil ou impossível para você, nenhum tipo de problema realmente vai impedi-lo porque você saberá como encontrar as soluções diante das intempéries.

E não basta ter fé. Indivíduos presos a religião, preconceitos, paradigmas e dogmas, mas que não agem, não conseguem avançar no essencial.

Entenda que é preciso ser para depois ter. É sobre isso que falamos até agora.

Quando uma pessoa vai ser ordenada para um cargo ministerial em uma igreja, isso deve acontecer porque ela já exerce uma função nesse espaço e vai ser reconhecida, não por política. Quando você já é alguma coisa, quando uma vaga fica à disposição e só você tem o perfil que se encaixa nessa oportunidade, a pessoa escolhida deve ser você. O melhor pianista do mundo, por exemplo, não tem esse título porque pagou por ele nem porque fez uma jogada política para ganhar essa posição, mas porque investiu horas dos seus dias, anos da sua vida, para se tornar um homem bastante influente na música. Primeiro é preciso ser para, depois, receber. Seja antes de ter.

Espero que você esteja convencido da importância de saber quem você é. É ótimo ter um rumo e saber aonde estamos indo. O conhecimento é o combustível que nos faz avançar em nosso treinamento.

Já falamos sobre as estratégias para começar a cultivar inteligência emocional. Mostramos que, mesmo tendo determinado sua rota, é preciso que você saiba usar as ferramentas adequadas para percorrer o caminho correto e que esteja bem acompanhado e preparado para encarar os obstáculos que surgirão. Para avançarmos, nas próximas páginas, vou abordar as três bases essenciais para que, uma vez iniciado seu treinamento emocional, seu alicerce esteja firme o suficiente para você não cair no primeiro tropeço que der pela frente.

CAPÍTULO 7

As três bases da inteligência emocional

A inteligência emocional tem três bases. Observe o esquema a seguir:

MOTIVAÇÃO	AUTOCONTROLE	EMPATIA
Entusiasmo	Domínio próprio	Colocar-se no lugar do outro

MOTIVAÇÃO

Sem inteligência emocional, não há motivação. Sem motivação, não é possível ir longe!

Defino motivação como o entusiasmo para ir adiante. "Entusiasmo" vem do grego, *en + theos*, que literalmente significa "em Deus". No original, significava inspiração ou possessão por uma entidade divina ou pela presença de Deus. Hoje, pode ser entendido como um estado de grande arrebatamento e alegria. Seja com o significado original ou o atual, a verdade é que é indiscutível sua importância para a inteligência emocional.

Sem inteligência emocional, não há motivação. Sem motivação, não é possível ir longe!

@tiagobrunet
EMOÇÕES INTELIGENTES

Uma pessoa entusiasmada, motivada, está disposta a enfrentar desafios para alcançar seu objetivo, não se deixando abater por qualquer situação e transmitindo confiança aos demais ao seu redor. O entusiasmo pode, portanto, ser considerado um estado de espírito otimista. Variações repentinas de humor não são comuns a quem está motivado. Estar entusiasmado ou motivado equivale a ter uma conexão divina tão intensa que a realidade atual não determina seu humor ou a forma como se veem as coisas.

AUTOCONTROLE

Quem não governa a si mesmo não pode governar mais nada. Sim, autocontrole não deve estar apenas no início de sua jornada para desenvolver inteligência emocional, deve virar uma das bases sólidas de sustentação para equilibrar todo o seu ser. Lembre-se: todo pensamento gera um sentimento; todo sentimento gera um comportamento. Se você não domina seus pensamentos, eles controlarão seus sentimentos. Se não governa seus sentimentos, eles determinarão seus comportamentos. E, sem o domínio de seus pensamentos, sentimentos e comportamentos... você se perderá no caminho.

A falta de autocontrole é uma das piores consequências para quem não optou por desenvolver a inteligência emocional. Sem ela, você estará sujeito a agir de forma desenfreada, podendo prejudicar a si mesmo e a todas as pessoas à sua volta.

EMPATIA

Eis um megaproblema social!

Já comentei mais no início do livro que, atualmente, quase ninguém quer se colocar no lugar do outro. O problema é que o ser humano foi projetado pelo Criador para ser sociável, e sem empatia isso é impossível. Quando somos empáticos, mudamos o mundo. No mínimo, o mundo das pessoas com quem interagimos. E, claro, o nosso mundo.

Certa vez, estava com minha esposa no aeroporto do Galeão, no Rio de Janeiro, pronto para embarcar para um fim de semana em Londres. Estávamos ansiosos, pois esperamos muito tempo por aquele descanso. Para passar o tempo, antes de embarcarmos, decidimos tomar um café. Sentamo-nos nas cadeiras disponíveis de um estabelecimento e fizemos sinal na esperança de sermos atendidos. Dez minutos se passaram e ninguém veio retirar nossos pedidos. Eu, então, levantei a mão ainda mais alto e perguntei a uma funcionária com um tom de voz firme:

— Ei, pode nos atender?

Ela veio em nossa direção com cara emburrada e perguntou:

— Quê?

Rimos para não chorar! Mas respiramos e fizemos nosso pedido.

Dez minutos se passaram e nada aconteceu. Outra vez me dirigi à atendente:

— Olá?! Nosso voo vai sair logo!

Ela veio quase na sequência com a bandeja nas mãos trazendo os dois cafezinhos e praticamente jogou tudo em cima da mesa. Minha esposa, que é ultrapaciente e detesta conflitos, ficou vermelha de raiva e já estava se preparando para ter uma grande reação quando a olhei nos olhos e disse:

— Amor, vamos praticar o que ensinamos?

— Como assim? — perguntou ela, pronta para tirar satisfações com a atendente.

— Estamos aqui para ter um lindo fim de semana de passeio e descanso. Aquela moça está atrás de um balcão de atendimento desde as cinco horas da manhã. Não sabe-

Se você não domina seus pensamentos, eles controlarão seus sentimentos. Se não governa seus sentimentos, eles determinarão seus comportamentos. E, sem o domínio de seus pensamentos, sentimentos e comportamentos... você se perderá no caminho.

@tiagobrunet
EMOÇÕES INTELIGENTES

mos se ela deixou um filho doente em casa ou o que pode estar acontecendo na vida dela. Sabemos que ela está com um problema sério, pois ninguém é capaz de ferir se não estiver ferido. Ela está ali atrás vendo pessoas passarem sorridentes e embarcarem para realizar sonhos. E talvez ela esteja se sentindo presa onde está.

Eu me levantei e fui pedir a conta. Depois que a funcionária disse o preço e eu separei o dinheiro, olhei bem nos olhos dela e agradeci. Ela, com espanto e até com ar de revolta, respondeu:

— Obrigada pelo quê? — falou com uma cara cheia de sarcasmo. Eu sorri e com delicadeza respondi:

— Obrigado, pois, mesmo em um dia claramente difícil, você ainda assim nos atendeu. Quero lhe dizer uma coisa: o que você está passando hoje é parte do seu caminho, não o seu destino. Vai passar!

Ela começou a chorar, e eu tive que sair, pois estava na hora do meu voo. No avião, comentei com minha esposa:

— E se, em vez de sermos empáticos, tivéssemos reclamado, chamado o gerente, feito um escândalo? No mínimo, iríamos afundar ainda mais quem já estava mal.

Ter empatia, colocar-se na posição de uma pessoa, é respeitar o momento dela e enxergar suas dores, em prol de sua transformação. Somos capazes de mudar o mundo de uma pessoa — e o nosso também — ao renunciar ao nosso direito de reclamar ou de ficar chateado.

Seja sensível. Para ser empático, é preciso desenvolver sua capacidade de ler as emoções do outro.

Com sensibilidade, você conseguirá se colocar na perspectiva do outro, saberá agir com mais delicadeza e conseguirá escutar até mesmo aquilo que não é dito.

@tiagobrunet

CAPÍTULO 8

Dor, medo, frustração e perda: como lidar

Não é raro eu receber perguntas neste estilo: "Como posso lidar com medos, dores e tudo o que acompanha essas sensações, como as perdas, frustrações e os efeitos emocionais paralisantes?".

Todo mundo já passou ou passará por uma situação difícil. Cedo ou tarde, todos enfrentaremos perdas e frustrações na vida, sejam físicas, emocionais, financeiras ou espirituais. São inevitáveis. Sempre criamos expectativas sobre coisas e pessoas. Quando não são atendidas, nos sentimos frustrados. E, uma vez que perdemos algo ou ficamos frustrados, podemos sentir dores emocionais.

Há quem recebeu um não de um(a) ex-namorado(a), noivo(a), marido ou esposa e até hoje não conseguiu se levantar pela frustração de não ter aquela expectativa atendida. Tem gente que foi mandada embora, que teve um amigo que lhe deu as costas quando mais precisava, e não conseguiu superar. Há aqueles que, diante de uma perda, de uma dor, se entregam. No entanto, perda, frustração, dores da vida e medo sempre baterão à porta das emoções. São inevitáveis. E daí a importância de superá-los.

E isso independe do temperamento! É verdade que uma pessoa de temperamento dominante, por ter altas expectativas em relação aos outros e a si mesmo, se frustra mais rápido quando percebe que muitos não são nem agem como o esperado. No entanto, extrovertidos, analíticos e pacientes também se frustrarão em algum momento, seja por uma promoção que não veio, por uma viagem que não saiu como o esperado, por uma pessoa que não esteve presente num momento importante.

Se a situação é inevitável, algumas perguntas surgem:

- Como você ainda não é especialista no assunto?
- Como ainda nos surpreendemos quando somos traídos, quando perdemos algo, quando somos frustrados por alguém?
- Como ainda sentimos tanto medo de que algo assim aconteça?
- Como não sabemos lidar com isso?

Como já falamos, o medo é algo absolutamente normal, fisiológico. O problema é quando ele nos domina, passa do limite saudável e se torna pânico, altera comportamentos, decisões, ritmo de vida e paralisa.

Quando você está no topo da montanha e olha para baixo, sente medo. Isso pode ser bom ou ruim, depende da perspectiva. Assim como a chuva pode ser boa ou ruim de acordo com as condições do momento. Pouca chuva pode levar à seca; muita chuva, à enchente. A chuva só é uma bênção se vier na quantidade certa. Da mesma forma, o medo só é bom e saudável se vier na quantidade certa. Ele é um aviso. Quando o medo começa a me paralisar e impedir que eu caminhe, quando não consigo lidar com ele, é ruim.

Você precisa refletir sobre como lida com seu medo. É importante questionar, sempre que ele começar a aparecer, se é um medo real ou criação da mente. A maioria dos medos não é real, é autossabotagem da sua mente para paralisá-lo.

Uma vez eu estava no Rio de Janeiro, na frente da casa do meu pai com a minha filha, quando uma barata voadora veio em nossa direção e pousou no muro. Minha filha ficou branca, virou um fantasma. Quando vi que ela estava paralisada pelo medo, disse:

— Filha, qual é a pior coisa que pode acontecer se essa barata pousar em você? Nojo é uma coisa, medo paralisante é outra. Precisamos definir nossos sentimentos. Barata não morde, não é venenosa. Eu também ficaria com muito nojo, mas não posso ficar paralisado por causa de um medo. Então, como combater isso? Questionando o que está sentindo: "Isso é real ou é criação da minha mente? De onde vem esse medo? Por que estou sentindo isso agora? Qual foi o gatilho que despertou esse medo?". Ao se fazer essas perguntas, você já iniciou seu processo de cura, caminhando para uma boa saúde emocional.

É possível planejar muita coisa, mas não o momento em que uma dor chegará. Não temos controle, por exemplo, sobre a morte de um ente querido, ou sobre uma crise que pode afetar nossas finanças e nossa saúde. Não temos controle sobre aqueles que vão nos ferir. O único controle que temos é sobre o que faremos em relação ao que fizerem conosco e como reagiremos diante das situações.

Recebo centenas de mensagens nas redes sociais e, sempre que possível, eu mesmo as leio e respondo. Certa vez, uma moça escreveu: "Estou em grande dor. Por favor, me ajude, estou desesperada. Cometi um grande erro". Eu estava no carro e respondi: "Não importa o erro cometido, isso já foi feito. O que importa é como você vai agir a partir de agora. Qual será a sua atitude depois de ter errado?". Eu daria mil exemplos, bíblicos ou não, de pessoas que erraram e se levantaram imediatamente, pois tiveram caráter íntegro de assumir sua responsabilidade.

Aliás, é o modo como reagimos aos erros que mostra nosso verdadeiro caráter, quem somos de verdade. É diante de uma dor, perda, frustração ou insegurança que você acaba mostrando quem é.

Quando está tudo bem e o salário está caindo na conta, estamos comendo em restaurantes, viajando uma vez por ano, é fácil fingir que somos uma figura que de fato não somos, querendo pertencer a um ambiente que não é nosso. Cada vez que a vida melhora, nós nos modelamos de acordo com a imagem que queremos transmitir.

Em contrapartida, diante do medo, expostos a uma dor, perda ou frustração, não conseguimos manter a máscara por muito tempo. Diante de um problema, não temos como manter a aparência, pois as emoções são tão intensas que nos impedem de ter forças para fingirmos ser o que não somos. Isso é inevitável.

Até a Sabedoria Milenar avisa que teremos nosso "dia mau", uma expressão bíblica que indica a impossibilidade de escaparmos dos dias ruins. Já está avisado: é certo e garantido que os problemas chegarão. Mas o despreparo para agir diante deles faz com que entremos em desespero, tomemos decisões precipitadas, magoemos as pessoas que amamos e nos distanciemos da integridade.

Por outro lado, medo, dores, perdas e frustrações podem ser usados para o nosso crescimento. E a melhor forma de lidarmos com essas emoções é aprendendo com elas.

NÃO DESISTA

Existem diversos parâmetros para definir alguém bem-sucedido. Temos diversos exemplos ao redor do mundo, por exemplo: Oprah Winfrey (1954-), jornalista americana que move multidões até mesmo com uma simples indicação de leitura; Jeff Bezos (1964-), empresário americano fundador da Amazon; Luiza Helena Trajano (1948-), empresária res-

Não importa o erro que cometemos, ele já passou. O que importa é como você vai agir a partir de agora.

@tiagobrunet
EMOÇÕES INTELIGENTES

ponsável pelo crescimento do Magazine Luiza; Abilio Diniz (1936-2024), fundador do Grupo Pão de Açúcar; Fernanda Montenegro (1929-), atriz que arrebata a audiência com seja lá o que quer que faça; e por aí vai. Em comum, todas essas pessoas tiveram de experimentar e superar o medo, a perda, a frustração e a dor em, pelo menos, uma fase de sua vida. E aprenderam com eles.

Para ser bem-sucedido, a única coisa que você realmente terá de fazer será se esforçar para continuar de pé, para continuar avançando. Da mesma forma que a felicidade é passageira, a infelicidade também é. Da mesma forma que a alegria passa, a dor também passa. Todas as emoções e sentimentos são flutuantes. Nada é definitivo quando se trata de emoção. Você pode estar vivendo o melhor momento da sua vida hoje, mas nada garantirá que amanhã tudo não possa mudar, para melhor ou pior. Não temos controle sobre tudo o que é externo a nós, por isso precisamos estar preparados para reagir ao que o amanhã nos apresentará, seja no trabalho, nas perseguições de quem não gosta de nós ou em relação às pessoas com quem achamos difícil lidar. Quem vive sem disciplina morre sem dignidade. O homem e a mulher bem-sucedidos sobrevivem a tudo isso. É preciso ser especialista no inevitável.

Não há técnica que ensine a evitar o medo totalmente. No entanto, é possível aprender a não o deixar paralisar você, é possível aprender a vencê-lo, da mesma forma que é possível aprender a lidar com a dor, a perda e a frustração.

Se estamos no ponto A e decidimos ir ao ponto B, teremos de fazer uma caminhada, durante a qual podemos nos paralisar ou, então, nos formar, nos alicerçar e aprender, amadurecer para nos estabelecer.

Passei minhas férias na neve algum tempo atrás porque queria esquiar. Antes, claro, eu precisava chegar ao topo da montanha. Sabia disso. Mas não esperava ter de enfrentar minha primeira dificuldade logo na subida. Era preciso ir de ônibus, que deslizava, porque a estrada estava coberta por gelo, deixando metade do veículo para fora dela. No meio do caminho, foi necessário escalar a montanha. Depois de 40 minutos, sem nenhum imprevisto, cheguei ao topo, mas aí percebi que é mais difícil permanecer no topo do que passar pela rota até lá, pois o ar em alta altitude é rarefeito, a visibilidade é muito ruim, o frio e o vento são devastadores.

Lembre-se: se não se preparar durante o caminho para o sucesso, você vai se arrebentar e pode se frustrar de forma impactante. "Meu Deus, levei dez anos para chegar a essa posição. Cheguei e vi que não quero ficar, vi que não tenho estrutura emocional para aguentar as críticas que recebo, os ventos que tentam me derrubar, as pessoas que me perseguem...", pode pensar. O caminho é mais importante que o destino, porque é durante a jornada que você se desenvolve. É no caminho que você se fortalece e aprende a melhor maneira de enfrentar as adversidades, encarar alguns inimigos e superar todos os obstáculos.

OS INIMIGOS NO CAMINHO PARA O SUCESSO

Os verdadeiros inimigos que você enfrentará não são pessoas, não são oponentes externos. Seus verdadeiros inimigos estão dentro de você. O primeiro deles é a ansiedade, o mal do século, que em excesso nos sobrecarrega. A ansiedade trabalha todos os dias para criar sensações e situações que ainda não aconteceram; ela nos fornece camadas de futuro que, se não soubermos lidar, geram uma sobrecarga emocional que nos cansa, envelhece, adoece, tira nosso sono e nos faz sofrer por antecipação. A ansiedade nos ajuda a detectar perigos, nos ajuda a agir para evitá-los ou contorná-

-los, mas em grandes doses nos deixa tão pesados que faz com que o caminho seja insuportável.

O segundo inimigo é a insegurança, um sentimento que todos nós temos mas que, em nossa sociedade, as mulheres demonstram mais. Muitas sentem necessidade de proteção, de se sentirem amadas, de ver que alguém cuida delas. A insegurança tem uma função: nos atrasar e nos fazer perder oportunidades de falar com pessoas que poderiam nos ajudar a evoluir.

Reflita sobre o que a insegurança já lhe trouxe de bom. Levante um ponto positivo de ser inseguro. Insegurança não é resultado de precaução, nem cuidado ou prudência na hora de tomar uma decisão. Prudência é calcular o impacto de uma decisão. Já a insegurança atrasa nossa vida.

Outro inimigo poderoso é o estresse. Diferentemente da ansiedade, que é o excesso do futuro, e da depressão, que é o excesso do passado, estresse é o excesso do presente. Se há muito presente na sua cabeça, o estresse domina sua realidade. Se há muito futuro na cabeça, a ansiedade é inevitável.

A verdade é que o real problema está dentro de nós. A ansiedade, a insegurança e o estresse fazem você não conseguir lidar consigo mesmo. Todos esses adversários, e muitos outros, vão aparecer em algum momento da sua vida. No entanto, digo e repito: o que importa é como você vai se comportar diante de cada um deles.

Quando era mais jovem, no Rio de Janeiro, talvez com uns vinte anos, estava em uma sala com dois amigos policiais quando começou um tiroteio. Eu me enfiei embaixo de um banquinho, enquanto eles dois ficaram sentados em busca de onde vinham os tiros. A diferença de quem se esconde de uma situação e de quem procura a origem do problema para enfrentá-lo é o treinamento. Eles foram treinados para situações como aquela e sabiam o que fazer. Sabiam como controlar o estresse e a ansiedade diante do inesperado, pois passaram por treinamento para agir em situações como aquela. Quem não está treinado se esconde.

DOR E SUPERAÇÃO

O ser humano não está preparado para lidar com a dor. A dor da traição, de uma perda, de uma frustração. É a dor que une a ansiedade, a insegurança e o estresse. É o medo da dor que faz você se esconder.

Não é nada agradável sentir dor, mas ela pode ser algo bom. Claro que pode. A dor é o único sentimento que ajuda a definir seu destino. Depois de passar por uma dor, ninguém continua o mesmo. Sempre que surge, ela nos apresenta dois caminhos: crescer ou ficar parado e se entregar ao sofrimento. Não há terceira opção.

Conheço várias pessoas que se tornaram quem são hoje por causa da dor que superaram. Muitos são exemplos no que fazem hoje. Passar pela dor não faz você ser melhor; superá-la, sim. A maturidade não vem pelas experiências que você teve na vida, mas pelo que aprendeu com elas. Assim é com a dor. As dores da minha vida me trouxeram aonde estou hoje, ajudaram a me moldar. Não escrevo livros, dou cursos ou ministro palestras porque fiz mestrado nos Estados Unidos, nem porque tenho um grande amigo que me indicou a um emprego. Faço essas coisas porque tive de lidar com as perdas e frustrações da minha caminhada. E não foram poucas.

Sei o que é ser rejeitado, o que é ser ludibriado, enganado, abandonado nos momentos mais difíceis. Lidei com tudo isso e fui além. Não apenas aprendi a ser resiliente e a me adaptar às situações, mas encontrei o que cada obstáculo poderia me ensinar e agarrei a oportunidade para crescer. Na dificuldade, localizei os degraus para subir de nível, para

Passar pela dor não
faz você ser melhor;
superá-la, sim.

@tiagobrunet
EMOÇÕES INTELIGENTES

amadurecer meu emocional, me tornar uma pessoa mais forte e preparada. Nos momentos de dor e de perda, em que eu estava me sentindo a pior pessoa do mundo, tomei uma decisão, a de ser o que atualmente chamam de pessoa antifrágil. Apesar de ser um termo contemporâneo, é muito simples localizar exemplos de antifragilidade na Bíblia.

Vamos retomar a história de José. Ele enfrentou diversos problemas, entre eles, ser vendido como escravo pelos próprios irmãos e, após ter sido acusado com uma mentira pela esposa de Potifar, ser preso injustamente. José não apenas sobreviveu às adversidades, mas encontrou oportunidades de aprendizado que transformaram seu interior, amadureceram seu emocional, o de sua família e de seu povo e contribuíram para que ele chegasse à liderança.

Reconheço que se entregar ao sofrimento pode ser tentador. Quando sofremos, ganhamos uma atenção que talvez nunca tenhamos experimentado antes. Quando recebemos um abraço, pensamos: "Puxa, não é tão ruim". E alguns podem até pensar: "Vou sofrer um pouquinho mais, tem gente me dando atenção". Acontece que o sofrimento nos fará desaparecer, não nos levará a lugar algum.

Se soubermos usar a dor que iniciou esse sofrimento, olhá-la de maneira positiva e superá-la, isso proporcionará uma mudança interna em nós. Não desperdice sua dor, ela é uma oportunidade para crescer. Use-a para ir mais longe, para ter autoridade no assunto, seja qual for a intempérie pela qual tenha passado.

Certa vez, atendi um rapaz que me contou uma grande tragédia da vida dele. Depois de ouvi-lo com atenção, eu disse:

— Nunca poderei dar uma palestra sobre como lidar com isso, mas você pode. Posso ajudar muitos a sair de uma crise financeira e emocional, porque já passei por isso, mas com esse tipo de dor só você pode trabalhar. Só você pode ajudar pessoas que passaram por ela.

Quando você supera uma dor, julga muito menos e fica apto a prosperar, a ter uma vida abundante em todas as áreas e a se colocar no lugar do outro.

@tiagobrunet
EMOÇÕES INTELIGENTES

Esse homem sentia dor havia vinte anos. Tempo demais para se entregar para o sofrimento. Mas sempre é possível mudar a situação.

Quando você supera a sua dor e toma a decisão de deixá-la no passado, primeiro você amadurece. Maturidade é o caminho para a sabedoria, que não vem com a idade. Tem gente que, aos sessenta anos, não é madura, muito menos sábia. Sabedoria vem, entre outras coisas, com as experiências superadas e aprendidas. Ao superar uma dor, você nunca mais verá o mundo da mesma forma. Você é mais maduro nas decisões e na forma como lida com seus problemas. Enquanto algumas pessoas dirão: "Está acontecendo uma revolução na minha vida, ela está de cabeça para baixo", você pensará: "Meu Deus, que problema pequeno". Os problemas nunca vão parar, mas você saberá enxergá-los e avaliar melhor a dimensão deles.

Além disso, depois que você percebe que é possível superar as dores da vida, nada o incomoda mais, nada parece ser intransponível, e você fica mais empático, tendo o poder de se colocar no lugar do outro. Quando você supera uma dor, julga muito menos e fica apto a prosperar, a ter uma vida abundante em todas as áreas. Sente-se preparado para conquistar as coisas, começa a ver que a vida não é tão longa quanto imaginava, que você tem um tempo e responsabilidades, que não pode procrastinar. Então, começa a trabalhar e produzir como nunca antes. A dor, se superada, pode ser o impulso necessário para que você movimente as engrenagens da sua vida, tomando decisões que abram caminhos para a prosperidade.

A vida é feita de escolhas e você precisa tomar uma decisão hoje acerca de como vai lidar com as pessoas que o ferem, com as perdas da sua vida, com as frustrações.

TAREFA
EXERCÍCIO PARA POTENCIALIZAR SUA INTELIGÊNCIA EMOCIONAL

Passar por dores na vida é um processo muito difícil. Diversas pessoas foram ao fundo do poço depois de uma traição empresarial, conjugal, de amizade ou financeira; outras tantas não souberam lidar com a perda de um ente querido, de alguém que amavam.

A vida não é fácil, é complexa e muito imprevisível. Partindo desse ponto, preparei um exercício para ajudar você, leitor. Primeiro, lembre-se de algumas pessoas que histórica ou até biblicamente são bem famosas. Bom exemplo é José do Egito, de quem já falamos bastante. Mas também podemos citar Davi, que de pastor de ovelhas se tornou rei de Israel, foi traído pelo rei Saul e pelo próprio filho, Absalão. Podemos observar qual foi a vitória dele; o que o colocou na história; como, de pastor de ovelhas, se tornou rei; onde estaria se não tivesse vivido aquelas experiências durante o pastoreio; e qual seria seu futuro se não tivesse lutado contra Golias.

Também podemos indagar onde estariam os grandes homens da história se não tivessem tido opositores, se não tivessem de superar o dia a dia difícil. Nelson Mandela só foi relevante porque todos os dias tinha de lidar com a dor, com a luta de ter de provar que o negro é igual ao branco, com o absurdo de não poder frequentar os mesmos lugares que o branco. Essa frustração e essa dor o fizeram se tornar um homem que influenciou o rumo da história, que foi relevante.

A ativista paquistanesa Malala Yousafzai (1997-) e sua luta pelo direito de meninas receberem educação formal incomodam regimes autoritários de diversas partes do planeta. Ela fez inimigos poderosos que tornaram (e ainda tornam) sua vida um grande campo minado, e até sofreu uma tentativa de assassinato em 2012. Mas ela escolheu continuar sua luta, e hoje, por meio do Malala Fund, incentiva e apoia projetos educacionais ao redor do mundo.

Você é quem é hoje por causa das dores do passado, pelo que teve de superar lá atrás.

Agora, anote pelo menos três situações da sua vida que o marcaram e o jogaram ao fundo do poço. Em seguida, olhe para essas dores de uma nova perspectiva, sob uma ótica positiva, em busca do que trouxeram de crescimento e maturidade para você, e para onde o levaram positivamente.

PARTE 3

GOVERNE A SUA VIDA COM INTELIGÊNCIA EMOCIONAL

CAPÍTULO 9

Quem decide: você ou seus sentimentos?

Para iniciar este capítulo, responda com sinceridade:

- Quem de fato manda em você?
- Quem decide seu futuro de verdade?
- Quem está no comando das situações: você ou seus sentimentos?

Os sentimentos às vezes são difíceis de serem dominados. A raiva, por exemplo, pode fazer com que a gente se torne praticamente outra pessoa. É comum que, tomadas pela raiva, as pessoas percam as estribeiras, falem coisas que machucam e ajam de forma de que vão se arrepender depois.

E não é só a raiva que é capaz de nos fazer agir como seres irracionais: as emoções em geral têm força para dominar o ser humano.

Todo sentimento é embasado em uma emoção. Ou seja, o sentimento é uma emoção consolidada. A emoção é passageira, o sentimento é algo que se mantém por um tempo. Quando a emoção evolui, pode se tornar um sentimento.

Às vezes, alguém tomado por uma forte emoção — digamos, raiva, para ficar no mesmo exemplo — decide, num

A principal pergunta
deste livro é: *quem
controla você?*

@tiagobrunet
EMOÇÕES INTELIGENTES

intervalo de trinta segundos, tomar atitudes que decidirão o seu futuro. "Sai daqui! Nunca mais quero te ver!", você pode gritar em uma briga com alguém querido. Dois minutos depois, você vai estar mais calmo e a emoção vai ter se dispersado. Porém, as palavras já foram ditas, e a pessoa pode mesmo decidir sair da sua vida e nunca mais voltar. As emoções até podem ser passageiras, mas as decisões são permanentes. Lembra-se da história que contei a respeito do sr. Antônio e do Geraldo? Ela também se encaixa aqui. Bastou sr. Antônio perder o controle uma vez para dar ignição a diversas consequências negativas, como um efeito dominó.

Os sentimentos e emoções guiam nosso comportamento, definem quem nós somos para as pessoas. Por exemplo, existem pessoas cujo sentimento de amor é muito forte, então elas são muito carinhosas e podem gostar de abraçar todo mundo. Dado que os outros as veem como pessoas afetuosas, acabam querendo ficar mais perto. Preferem elas a pessoas raivosas. O ser humano, por natureza, vai se aproximar de quem transmite amor, de quem está mais acessível e transmite isso de forma carinhosa.

ACEITAÇÃO, UMA NECESSIDADE DO SER HUMANO

Como seres sociais que somos, necessitamos nos sentir aceitos. Visando a essa aceitação, muitas pessoas hoje em dia se submetem a coisas que lhes fazem mal, que são prejudiciais a si mesmas, muitas vezes sem sequer notar.

Veja o exemplo das dietas milagrosas. Boa parte das pessoas deseja emagrecer não porque está com alguma questão de saúde ou porque seu corpo não é bonito, mas porque a mídia impõe um padrão estético no qual essas pessoas acham que precisam se enquadrar para serem aceitas.

Isso vale também quando você compra alguma coisa que, de fato, não é o que você quer. Resolve comprar um sapato não porque está precisando ou é confortável, mas sim porque quer que as pessoas notem a marca do calçado e considerem você alguém bem-sucedido. Na verdade, você não quer o sapato, mas sim o aplauso das pessoas, quer que elas falem bem de você, que vejam que está vencendo na vida, quer que admirem você. No entanto, ao procurar se encaixar num padrão em que você não está confortável – adquirir algo apenas para se mostrar –, o que você realmente deseja é que uma emoção negativa ligada a uma falta de aceitação, ligada a um sentimento de inferioridade, saia de você.

As emoções, reforço, não definem nosso destino, mas influenciam as decisões que tomamos. Não apenas raiva, ódio, rancor, perseguição, inveja e ciúmes podem nos levar a tomar decisões prejudiciais. A alegria, por exemplo, também pode nos dominar a tal ponto que cometemos erros. "Nossa, estou tão feliz que vou até fazer umas comprinhas." Uma pessoa também pode estar tão feliz por se sentir aceita por alguém que acaba comprando um presente para essa pessoa sem levar em consideração sua realidade financeira atual. E aí estoura o cartão de crédito porque está feliz. Mas isso só acontece com pessoas que deixam suas emoções dominarem seus comportamentos.

Emoções e sentimentos são bons, foram colocados pelo Criador em você. O que você não pode permitir é que eles se tornem seus donos. Eles *não podem* definir as suas decisões. Você sempre vai estar em uma luta entre razão e emoção. A razão diz: "Não compra porque você não tem dinheiro". E a emoção retruca: "Nossa, mas vou ficar tão bem nesse sapato... Todos vão notar que é de determinada marca". As emoções sempre vão influenciar de alguma forma as suas ações, mas o modo como você as equilibra e usa a seu favor é o que fará a diferença. Compreender que suas decisões estão baseadas em seu verdadeiro eu, no que você realmente deseja, e estar maduro o suficiente para equilibrar suas emoções farão você tomar decisões melhores.

Diversas pessoas já mentiram na roda de amigos para se sentirem, pelo menos, equivalentes a quem estava a seu redor: falaram o que não tinham e o que não fizeram, tentaram mostrar ser alguém que não eram. Na verdade, essas pessoas querem desesperadamente ser aceitas. Um exemplo extremo, mas que acontece com certa frequência, é quando um jovem acredita que precisa beber álcool, fumar um cigarro ou experimentar alguma droga ilícita para ser aceito por um grupo.

Certo dia, passei por uma situação muito constrangedora. Eu estava com um grupo de amigos e começamos a falar de uma marca específica de roupa social. Percebi que um deles, um sujeito bem-sucedido, acabou ficando meio por fora, até que soltou a seguinte informação:

— Inclusive, esta calça que estou usando é dessa marca.

Para a infelicidade dessa pessoa, fomos ao shopping tomar um café e entramos na loja da tal marca. Logo ao entrarmos, outro amigo se dirigiu ao atendente:

— Olha, a calça dele é desta loja. Vocês não fariam uma barra maior como a dele?

E o vendedor disse que a calça não era daquela loja.

Depois do ocorrido, fui conversar com aquele amigo que havia mentido — pois amigo de verdade não fala pelas costas, não. Amigo de verdade conversa. Eu disse:

— Olha, senti que você queria ser aceito na conversa.

— Não sei, cara. Nem sei por que falei aquilo.

E ele dirigia uma BMW! Não importa o que você tem, quando você quer ser aceito, fala o que não deve. Às vezes, não lhe falta nada, mas você inventa uma história para falar que tem algo apenas para se sentir enturmado em determinado assunto.

ASSUMA O CONTROLE

Nós temos de navegar nos oceanos do medo, da pressão, da insegurança, da ansiedade e em tantos outros mares bravios que desequilibram nossa jornada. Temos de lidar com todas as coisas que tentam nos frear, nos prender, nos sobrecarregar. Além disso, precisamos lidar com sentimentos que querem conduzir as nossas decisões e com pessoas tão vazias que se permitem ser guiadas pela mediocridade dos seus baixos sentimentos. Mas isso não pode acontecer com você, isso não pode mais tomar o controle da sua vida, guiá--lo em sua caminhada.

Defina se quem decide é sua razão, você, suas emoções ou seu plano de vida ou o sentimento do momento.

Tem gente que diz: "Não tenho ninguém em quem confiar". E vai, sai para a rua e faz uma besteira. Só que essa besteira traz consequências para uma vida inteira. Um pequeno ato pode ter potência para mudar toda a sua rota. Eu já acompanhei diversos casos assim, mas vou relatar apenas um. Certa adolescente, uma menina de família, se deixou ser guiada por uma emoção durante um período em que se sentia solitária. Como resultado, engravidou sem nem sequer saber quem era o pai da criança que gestava. A mim, coube auxiliar os pais da jovem, os avós da criança que iria nascer, a entender a situação.

Existem pessoas que vão para o jogo. Alguns vão para as drogas, outros pedem demissão do emprego que poderia ser uma plataforma de lançamento profissional para eles. Todo mundo já tomou uma decisão baseada apenas na emoção e atrasou tudo o que projetou para a sua vida. Aquilo que o governa define quem é você. Isso é muito forte. Se você está sempre irritado, todo mundo vai falar: "Olha lá o irritadinho". O sentimento que o governa define como as pessoas o chamam, como o veem. Você não é apenas o que diz ser, mas também o que as pessoas dizem sobre você. Ah, se você pudesse colocar uma escuta para saber o que dizem quando não está por perto...

Você não é o que pensa. A sua identidade é afetada por aquilo que as pessoas falam de você. Não sei com certeza o que Ayrton Senna pensava, pois não convivi com ele, mas sei o que as pessoas falam dele até hoje. Para mim, ele é o que escreveram e falaram sobre ele. Muita gente diz: "Não me importa o que pensam de mim, só me preocupo com Deus!". Isso não é verdade! São as pessoas que vão escrever sobre você. São as pessoas que vão falar sobre você. São as outras pessoas que passam para os outros a informação de quem você é. Tudo isso importa!

PARA A DECISÃO, A RAZÃO

A maioria dos bons negócios são fechados por indicação. Por isso, as conexões que você faz na vida ajudam a definir para onde está indo. Só que, para ter as conexões certas, é preciso ter padrões corretos. Você vai ter de colocar o sentimento abaixo da sua razão, e não a razão abaixo do sentimento.

Muitos sentimentos e emoções que estão dentro de você, que dominam você, começaram na infância. Se é o raivoso ou o amoroso, você pode ter vivido alguma situação na infância em que ouviu algo de seu pai que lhe despertou esses sentimentos, ou talvez tenha sido a forma como sua mãe o criou. Na infância, durante o período em que construímos e moldamos nossa personalidade, ficamos ainda mais suscetíveis às influências externas.

Imagine que eu o chamasse de feio aos cinco anos de idade. Agora imagine que, além disso, eu fosse seu pai... O impacto negativo seria muito maior do que se eu o chamasse de feio hoje. A criança é uma esponja emocional. E ela vai crescer com essa crença de que é feia. Os sentimentos e emoções negativos vão então crescer, se desenvolver. Isso contaminará todo o seu futuro, fará com que ela tome decisões com base em sentimentos prejudiciais para sua vida. Por inveja. Por ciúmes. Por raiva. Por ódio. Por competição. Por aceitação.

Certa vez, cuidei de um executivo que mudou de uma empresa para outra por inveja, para mostrar para uma pessoa que ele era melhor do que ela. Eu lhe disse:

— Você vai pagar um preço por isso.

— Não, lá na outra empresa eu vou mostrar para ele que sou capaz — respondeu o executivo.

A motivação da decisão foi um sentimento negativo, uma emoção negativa. Toda decisão que você toma com base em um sentimento negativo vai cobrar um preço. Não afirmo se ele está certo ou errado, até porque não sou seu juiz, apenas digo que ele terá de lidar com problemas que talvez não precisasse. Todas as decisões devem ser tomadas com prudência, e prudência é calcular o impacto de uma decisão. E você só faz isso com a razão, não com a emoção.

Por exemplo, recebi uma proposta para ser gerente de uma gigantesca multinacional. Meu coração bateu forte. Fiquei todo animado. A emoção me indicava que o negócio é bom. Mas não posso tomar a decisão apenas porque fiquei feliz, sem refletir sobre o assunto. Preciso fazer os cálculos, pensar em como será minha vida se aceitar a oferta, o impacto que essa decisão terá em cinco anos, se será bom para a minha família, se vou ter de mudar de cidade, quem perde e quem ganha... Aplique o "perdas e ganhos" para decidir se aquilo é bom ou não para você. E então converse com mentores e conselheiros. Eles podem adicionar perspectivas e direcionamentos que você não havia pensado antes. Às vezes. você vai precisar ter vários mentores, para ter olhares apurados em diferentes áreas.

Muitas pessoas chegaram aonde estão hoje e não se sentem felizes ou realizadas porque tomaram decisões com base no sentimento. Quando a raiva ou a inveja vão embora, fica a consequência da decisão baseada em argumentos equivocados. Você tomou a decisão não porque era o mais adequado a ser feito, mas sim porque queria atingir alguém, queria se livrar de um sentimento momentâneo. Só que as decisões, e suas consequências, permanecem. Você pode até tentar reverter, mas já perdeu tempo. Já gastou seus preciosos minutos. Considerando que não temos muito tempo na terra, não deveríamos gastá-lo com uma vida que não é a nossa, nem em busca de um resultado que não é o nosso. Se você já agiu assim, é porque suas emoções guiam as suas decisões.

Para mim, até hoje é um desafio tomar decisões, porque nessas horas os sentimentos afloram e tentam me forçar a decidir com base neles. "Vou trabalhar lá! Se vou ganhar mais e fiquei todo arrepiado, é porque isso é bom!" Tudo isso é emoção. Nesse caso, a emoção de ganhar mais dinheiro. Você já pensa em todas as coisas que vai poder comprar, o que por sua vez gera muitas outras emoções. *Pensamentos geram sentimentos e sentimentos geram ações.* Grave bem isso. Quando penso sobre alguém ou sobre algum assunto, um sentimento começa a aflorar. E, quando não consigo controlá-lo, ele pode gerar uma ação positiva ou negativa.

Boa parte dos sentimentos é criação da mente, modelada ao longo da vida. Por exemplo, às vezes você fica desconfiado com um simples olhar vindo de uma pessoa, e aí acha que ela o está perseguindo, que quer fazer algo contra você. Então vai tomar café, e – adivinha – justamente essa pessoa pisa no seu pé. Se não tiver capacidade de administrar seus sentimentos, você vai achar que isso é uma prova de suas suspeitas, que ela agiu de maneira intencional. E você pode começar a ter ações incoerentes em relação a essa pessoa, fora do padrão. Ações reativas, controladas por emoções, sempre vão ser avassaladoras, sempre vão levá-lo ainda mais para a negatividade, sempre farão com que você se perca e sofra.

No entanto, se conseguir ter equilíbrio emocional a ponto de deixar a razão permanecer no controle, principalmente num momento de decisão, você conseguirá calcular o impacto que sua decisão poderá causar. Não quero, com isso, desqualificar nem diminuir os sentimentos, tampouco dizer que não são importantes. Claro que são importantes! Mas, em um momento de *decisão*, as emoções devem ser só indicadores das possibilidades, nunca fatores.

"A sabedoria habita com a prudência" (Provérbios 8:12). Se você quer ser sábio, precisa ter prudência. E, para ter prudência, é preciso calcular o impacto das decisões. E você só calcula sendo racional.

Quem nunca tomou uma decisão por impulso e depois se arrependeu? Quem nunca foi passear no shopping e se apaixonou por uma roupa, a comprou e, quando foi vesti-la para uma ocasião especial, detestou o traje? O estrago já foi feito — e às vezes a compra foi parcelada em seis vezes! Você levará meses para pagar por um sentimento passageiro, resultante de uma frustração. Imagine o estrago de duas pessoas que resolvem se casar por impulso...

Muitos erros foram cometidos quando decisões foram tomadas no "calor do momento". Por isso, avalio bem as oportunidades, em especial para firmar parcerias. Antes de fazer uma parceria atualmente penso, calculo, converso com a minha esposa, com meus mentores... Como sou uma pessoa espiritualizada, também oro. Quando chego a uma conclusão que seja positiva, ainda assim não assino nada; começo a trabalhar três meses nessa parceria sem contrato. Assim, conheço o dia a dia da pessoa. Quantas sociedades erradas evitei porque pedi esse tempo de análise! Não assino com ninguém antes de conhecer muito bem, antes de a razão tomar as decisões, antes de eu estar muito seguro.

Quantas pessoas fizeram filho na emoção! Só que uma criança não pode ser descartada, é para sempre. Tem gente que fez um filho na emoção e só o cria porque a lei o obriga, o que é triste, mas reflete a realidade do Brasil e de muitos outros lugares ao redor do mundo. Crianças são abandonadas porque foram resultado de um impulso. O sexo em si, é claro, é muito mais emocional que racional. Mas é por isso que falamos tanto em um compromisso milenar, de que se deve assumir um compromisso racional antes de partir para a emoção.

Quem tem temperamento dominante, por exemplo, costuma fazer amizade fácil com outra pessoa de temperamento dominante. Depois, elas se encontram, falam com entusiasmo dos mesmos assuntos, mas, se optam por firmar uma sociedade empresarial, ao tratar dos lucros, não conseguem chegar a um consenso sobre quem vai ser o chefe, sobre quem vai mandar e quem vai obedecer. Vai ser um sofrimento sem fim e pode até acabar com a amizade. É chegado o tempo em que nós precisamos agir e nos cercar de tudo e todos que são frutos de decisões baseadas na prudência, na razão, e não na emoção.

Não canso de perguntar: quem manda na sua vida: os sentimentos ou a razão? A consciência é o que julga os comportamentos. A consciência, a razão, é o que influencia nossas decisões mais corretas. Não é que você não possa, por um golpe de sorte, acertar na decisão baseada na emoção. Pode. Mas suas possibilidades de acerto são maiores quando a razão predomina sobre a emoção.

A partir de agora, assuma o controle da sua vida, delibere com prudência, não se empolgue com nada antes de consultar seus mentores, as pessoas em quem confia, antes de ter certeza de como isso vai influenciar seus próximos anos. Não fale se estiver nervoso, tampouco tome decisões se estiver muito feliz.

Cego por muita euforia, a probabilidade de errar é maior. Peça mais tempo para tomar decisões importantes, pelo menos um dia. Não há problema em pedir por mais um dia para pensar melhor e ter certeza se é aquilo que você quer.

Mude a partir de hoje o contexto em que decide. Quando estão dominados pela emoção, os climas ficam irreconhecíveis. Quantas sociedades foram desfeitas sob efeito de raiva, emoções do momento. O problema é que palavras não podem ser desditas. Palavra é como pedra jogada em vidraça. Você pode até pedir desculpa, mas já quebrou o vidro. A emoção da pessoa que foi ferida já foi despertada. E aí, se ela também não tiver inteligência emocional madura, reagirá de forma impensada. Não tenha dúvidas disso.

CASO se sinta nervoso, respire. Opte por voltar a falar sobre algo ou tomar uma decisão em outro dia. Até porque, quando você entra em uma zona de tensão, o circuito interno da sua memória fecha e você não consegue acessar outras áreas de inteligência. Assim, dificilmente vai tomar decisões sábias.

Você se lembra de alguma vez em que discutiu com uma pessoa que estava alterada demais pelas emoções? Nesse caso, você pode explicar de várias maneiras que dois mais dois são quatro, mas ela insistirá que o resultado correto é oito. Chega a um momento em que você explica tudo e a pessoa não entende, porque ela não está acessando as outras partes do cérebro, nem sequer está escutando o que você diz. Não adianta discutir quando estamos nervosos. Não importa com quem for a briga, não adianta insistir. A saída é ir embora, respirar e retomar o assunto depois. Isso é científico!* Nunca mais tome decisões em momentos de muita emoção.

* Cf., por exemplo, ANDRADE, Eduardo B.; ARIELY, Dan. The Enduring Impact of Transient Emotions on Decision Making. *Organizational and Behavior and Human Decision Processes*, [S.l.], v. 109, pp. 1-8, 2009.

CAPÍTULO 10

Eleve o padrão que influencia sua vida

Se pensarmos qual é o motivo de haver uma influência sobre nossa vida e como ela é importante para nossa trajetória rumo ao aperfeiçoamento da inteligência emocional, compreenderemos que, em toda roda da qual você fizer parte, em toda empresa em que começar a trabalhar um dia, todas as amizades que construir no caminho do ponto A para o ponto B, do estado atual para o desejado, você só vai conseguir manter as coisas que conquistou se tiver padrão para estar ali. Seu padrão individual determina quem se aproxima ou quem se afasta de você. É o seu padrão pessoal que atrai ou repele os outros.

Pare para pensar com que tipo de pessoa você anda, que tipo bate à sua porta para pedir alguma coisa, o procura para comer uma pizza ou ir ao cinema, propõe negócios. Talvez essas pessoas não sejam as que você queria, mas saiba que elas são fruto do seu padrão, é você quem atrai quem bate à sua porta.

Padrão está diretamente ligado a comportamento. Quando a gente se comporta mal ou bem, a nossa consciência vai julgar de modo automático o que fazemos. Essa é uma função dela, julgar você. Quando fala uma coisa e se arrepende, é a consciência que o cutuca.

A consciência não nasce pronta. Ela é moldada pela educação. Quanto mais educado você for — não falo de educação formal, aprendida na escola, mas da educação da escola da vida, resultado de suas experiências —, mais adequadamente modelada a consciência será.

Há vários níveis de educação, muitas formas de ser educado. Bons livros podem educá-lo. Bons mentores também. A educação é o que modela e determina o nível crítico da sua consciência. Você já deve ter escutado a expressão "sem noção", usada para indicar uma pessoa que ainda não tem a consciência moldada e crítica. Então ela age, sem se dar conta, de um modo do qual ninguém gosta. Age de maneira bruta, desagradável. É a pessoa que ninguém quer por perto, e ela nem percebe, porque não tem uma consciência para lhe indicar isso.

Seu padrão é o comportamento que as pessoas veem, e não o comportamento que você acha que tem. É o que as pessoas identificam, e não o que acha que transmite. O padrão de vida de um ser humano, padrão pessoal, é determinado por muita coisa: cultura, educação, família, religião, livros que leu, temperamento etc. Tudo isso forma e modifica o padrão de um indivíduo. E ele atrai ou repele os outros. Tem gente que não consegue andar com pessoas estratégicas, de sucesso, de bem com a vida, porque não tem o padrão adequado para atraí-las.

Posso afirmar, por experiência própria, que alguém bem-sucedido nunca vai lhe perguntar quanto você tem na conta. Na verdade, vai andar ao seu lado por causa do padrão que você transmite. Pelo comportamento que você tem, pelo modo como a faz se sentir. As pessoas se lembram do sentimento que fica depois que você falou alguma coisa. Se não for positivo, é improvável que elas voltem a ter contato.

Entenda o seguinte: o padrão é a nossa essência. É o que está dentro de nós. É o que somos sozinhos ou em grupo. Individual ou coletivamente, você tem um padrão inconsciente e automático. Você não percebe que tem um, mas todo dia o expõe sem notar. Para dirigir um carro manual, por exemplo, é preciso fazer diversas ações ao mesmo tempo: acelerar, controlar freio e embreagem. Você consegue fazer isso sem pensar apenas porque segue um padrão. Quando começa a repetir determinado comportamento, passa a agir de maneira automática. Você nem percebe mais, mas os outros notam.

Há pessoas com alto ou baixo padrão pessoal. E isso define em que roda você entra, para qual emprego você é contratado, qual tipo de amigo você tem e que tipo de negócio fecha. Um enganador alcança seu objetivo de vender uma mentira porque ele tem um alto padrão. Você olha para ele e pensa: "Vou comprar dele". Ele conseguiu manter um padrão, apesar de não ter um caráter. O padrão vende. É o conjunto de temperamentos, a forma como você se veste, o volume da sua voz.

Tem uma pessoa que estou prestes a cortar da minha lista de relacionamentos porque, em qualquer lugar que ela vá, coloca um vídeo e deixa o som alto. Isso é inconsciente, mas as pessoas que estão a sua volta percebem. E podem se incomodar, assim como eu me incomodo. Elas pensam: "Não vou convidar esse cara, não...". Sem perceber, você pode começar a repelir pessoas importantes e estratégicas, que poderiam lhe abrir portas.

NOSSOS PRINCIPAIS PADRÕES

Nós temos quatro padrões principais: de comunicação, de reclamação, emocional e financeiro. Em geral, é por meio deles que se define uma pessoa.

O padrão de comunicação surge de três formas: como a pessoa fala, como se expressa e como se veste. Ao transmitir a mesma imagem quando se veste, fala e se expressa, o seu padrão está equilibrado. E vai atrair pessoas que se identificam com esse padrão, vai atrair pessoas parecidas. Ou que querem ficar parecidas.

Todo mundo reclama, mas a forma como o faz define o seu padrão. Ninguém quer ficar perto de quem reclama demais, de uma pessoa negativa. Por isso é preciso saber como e de que reclamar, e se há razões para reclamar.

O terceiro padrão é o emocional: como você lida com as contrariedades, com os momentos difíceis. As pessoas escolhem ou não você pelos seus comportamentos nos dias problemáticos. O padrão emocional inadequado repele pessoas. Não perca as estribeiras, seja elegante e ponderado. As pessoas vão identificá-lo justamente no momento de tensão, quando você mostra seu comportamento verdadeiro.

Por fim, o padrão financeiro. Vivemos em um mundo capitalista, e sim, o nosso padrão financeiro importa. Como costumo dizer, só Deus vê o coração do homem; o homem vê o que está diante dos seus olhos. O carro no qual você chega, a roupa que você veste, o celular. Dentro das suas possibilidades, procure ter um padrão elevado. Marca não é importante, você precisa é estar elegante. Mantenha seu carro limpo, suas roupas passadas, suas unhas limpas e aparadas.

ATRAINDO AS PESSOAS CORRETAS PARA SEU CONVÍVIO

Compreendi, e vou revelar, o que atrai as pessoas bem-sucedidas e que tipo de pessoas procura quem já tem sucesso. É quem têm um alto padrão. E, para elevar o seu padrão para atrair as pessoas corretas, basta seguir três passos.

Primeiro, *ande com pessoas melhores do que você*. Quando você começa a andar com pessoas que pensam e têm melhores ideias na área financeira do que você, pessoas que se comportam melhor, você aprende por meio da observação e escuta. Uma vez fui almoçar com uma pessoa muito rica. Vi como ele pegava os talheres e guardei a sequência, memorizei para que cada um servia, porque eu acreditava que usaria aquele conhecimento em alguma ocasião, porque sabia o caminho a trilhar e para onde ir. Aprendi com uma pessoa melhor naquele momento. E esse aprendizado se tornou útil quando participei de um jantar chique, no qual colocaram um monte de talheres na mesa. Minha esposa estranhou ao ver que eu usava os talheres corretos.

Conviver com pessoas melhores que você fará seu padrão subir de maneira natural. E automaticamente sobe o nível das pessoas que o procuram, sobe o nível dos negócios que lhe propõem.

Existem problemas na sua vida que você só vai superar se escutar quem já os venceu. A gente tem mania de escolher as pessoas erradas para nos acompanhar em nossa jornada. Poderia citar vários versos bíblicos milenares que falam sobre andar com pessoas erradas. Tem um que diz: "Não andes com briguento, porque você vai aprender os seus caminhos e vai fazer um laço para sua alma" (Provérbios 22:24). Ou seja, inconscientemente, você aprenderá a agir da mesma forma que a pessoa com quem anda. Assim, é melhor que você "Ande com sábios, e você se tornará sábio" (Provérbios 13:20).

Segundo passo para elevar o seu padrão: *frequente os mesmos ambientes das pessoas melhores que você e repare como se comportam*. Sim, frequentar esses ambientes é um desafio. Porque às vezes você não tem dinheiro para ir aos restaurantes a que os outros vão, não tem como ir às mesmas festas. Mas toda pessoa bem-sucedida faz um esforço para estar nos lugares onde suas referências estão, e sem ter atitudes financeiras imprudentes. Porque é ali que

Ao transmitir a mesma imagem quando se veste, fala e se expressa, o seu padrão está equilibrado.

@tiagobrunet
EMOÇÕES INTELIGENTES

a gente aprende. Quando comecei minha carreira de coach e escritor, eu andava com meu mentor, um indivíduo muito famoso no Brasil. O impressionante é que aprendi com ele muita coisa sobre comportamento. Desde o modo como ele se vestia até como cumprimentava as pessoas. Podia ser o funcionário mais simples da corporação, ele dava a mesma atenção que dava ao diretor. Eu fazia um esforço para estar sempre por perto para não perder a oportunidade de aprender os comportamentos que contribuiriam com meu crescimento.

Terceiro passo: *leia livros que ensinem o que você ainda não sabe.* A leitura é o caminho para o desenvolvimento da inteligência. Se você deseja se tornar uma pessoa melhor, faça uma lista de tudo em que você não é bom e compre livros sobre o assunto. Leia-os e você já vai melhorar muito.

Venho enfrentando problemas com a minha agenda. Ela já fica lotada de compromissos durante o ano todo logo em janeiro. Minha briga tem sido definir prioridades. Sempre surge mais de um bom convite para a mesma data. Esses convites acontecem porque meu padrão vem aumentando. Meu comportamento melhorou. Como mudou o nível de convite, mudou o nível de negócios. Quando você aumenta o seu padrão, tudo melhora. O padrão define quem procura por você.

Você precisa atingir um nível que atraia coisas boas, tanto pessoas quanto propostas e negócios, que preserve sua família (a base da sociedade) e que atraia riquezas. Espero que, depois deste capítulo, com as dicas apresentadas, você comece a desenvolver um padrão que atraia tudo isso e que o faça crescer como pessoa.

CAPÍTULO 11

Ideia Central Permanente: seu propósito de vida

O meu sonho é que você seja a melhor versão de si mesmo, a melhor pessoa que puder ser e que desfrute esse processo, antes de alcançar o seu destino final, que é a eternidade. Enquanto está aqui, seja o melhor, ajude o maior número de pessoas que puder. Por que levar uma vida normal se a gente pode levar uma vida extraordinária?

Vamos falar mais um pouquinho sobre nossa Ideia Central Permanente (ICP). Esse é um termo que criei para nosso propósito de vida. Sem ele, você não vai conseguir definir, nem distinguir, mais nada na vida. Propósito, reafirmo, é a coisa principal que você precisa descobrir para chegar ao sucesso; sem ele, nem mesmo o melhor treinamento vai fazer sentido.

Suponha que seu propósito seja ajudar as pessoas por meio da medicina. Você descobriu que a medicina é a ferramenta e o propósito é ajudar as pessoas. De nada adiantará estudar na melhor escola de engenharia do mundo se você não treinar algo ligado ao seu destino. O treinamento tem que ser específico. E essa especificidade vem do propósito de vida.

O propósito de vida define tanta coisa. Define como você vai gastar o seu dinheiro, por exemplo. Se hoje você me der

10 milhões de reais, eu sei exatamente o que vou fazer com cada centavo. Todo dinheiro vai estar diretamente ligado ao meu propósito de vida, à minha ICP, que é treinar pessoas.

O AUTOEXAME É FUNDAMENTAL

Você só consegue desenvolver inteligência emocional, saber onde investir o seu dinheiro, com quem deve andar, se souber qual é o seu propósito, a sua ICP. Um tempo atrás comecei a estudar sobre qual era realmente o meu propósito de vida. Foi quando descobri quem eu era. Eu sabia que gostava de ensinar. Sabia que gostava muito de viajar. Eu tinha ideias, tinha indicações do que nasci para fazer. Mas não tinha clareza de como concretizar tudo isso. Comecei, então, a me fazer uma série de perguntas:

- Quem sou eu?
- Aonde quero chegar?
- Do que preciso para realizar todos os meus sonhos?
- Qual vai ser o meu legado?
- Quando me for, quem vai se lembrar de mim?

Perceba que é justamente o caminho que propus para você neste livro. Como eu mesmo o percorri, sei que ele funciona.

Quando comecei a refletir sobre isso e sobre tudo o que já fiz, cheguei a essa ideia sobre propósito e que ele deve ajudar a definir como me comporto, me relaciono e me projeto neste mundo. Ao me questionar e responder a perguntas, ao me lembrar de coisas que sempre tiveram significado para mim, cheguei à conclusão de que o meu propósito de vida era treinar as pessoas.

Após chegar a essa conclusão, as coisas ficaram mais fáceis. Tirei um fardo das minhas costas. Por fim, entendi que cada pessoa é única, um ser criado por um Deus poderoso, para executar uma missão na terra que só ela pode cumprir.

Assim que descobrir seu propósito, metade dos seus problemas ficarão para trás. A Ideia Central Permanente é algo que norteia tudo que está à sua volta, tudo o mais vai girar em torno dela. Seu emprego, sua profissão, não são propósitos, são só ferramentas. Mas são ferramentas que só são definidas com segurança quando se sabe aonde se quer chegar.

FORTALEÇA SEU PROPÓSITO

Você já se perguntou como as pessoas vão se lembrar de você e o que você vai deixar na terra depois que morrer? A resposta a essa pergunta define muita coisa, inclusive como vai viver e o que vai deixar para a posteridade. É muito importante que, ao identificar o que nasceu para fazer, você comece a construir as coisas em volta disso.

Hoje eu sei os convites que devo aceitar e quais não devo. Porque só aceito convites que estão ligados à minha ICP, ao meu propósito. Sei com quais pessoas posso caminhar. Claro que existem pessoas que são legais, muito boas, mas não são as melhores para andar comigo se não vão acrescentar nada à minha ICP.

Quando você conseguir definir o que mais ama fazer na vida e o que lhe proporciona um forte senso de realização, terá um indicativo do seu propósito. Nada me satisfaz mais do que estar em uma sala de aula treinando pessoas, do que escrever algo que provocará uma mudança de mentalidade. Isso é o que me realiza. Mais do que ganhar dinheiro, mais do que comer no melhor restaurante do mundo, o meu propósito é o que me traz realização, é o que me dá sensação de plenitude.

Quando treino pessoas, ministro em uma sala de aula, um seminário, uma gravação de vídeo, eu me sinto comple-

Você só consegue desenvolver inteligência emocional se souber qual é o seu propósito, a sua ICP.

@tiagobrunet
EMOÇÕES INTELIGENTES

tamente realizado. Isso me faz dormir como o homem mais feliz do mundo, faz meus níveis de satisfação e realização atingirem o pico.

Realização e plenitude. Você precisa identificar essas duas coisas. Esses são os atalhos para vencer as barreiras que estão no caminho e chegar mais rápido à descoberta do seu propósito. A realização vem pelo que você faz, e a plenitude vem quando você é reconhecido.

Nosso cérebro cria um sistema de recompensas pelo que fazemos, e isso define muita coisa, porque às vezes você deseja muito uma coisa, como ser médico, missionário, professor, político. A pergunta que resta é: será que alguém que diz que o seu propósito é ajudar pessoas por meio da medicina, da educação ou da política faria o que se propôs a fazer se não recebesse nada por isso? Essa é a questão mais importante porque, independentemente de quanto eu ganhe, do tamanho das recompensas financeiras, sei que nasci para fazer o que faço. O meu propósito é maior. Quando o seu propósito é maior do que qualquer outra coisa, isso transformará sua vida.

Escreva, por favor:
- Quem é você e como quer ser reconhecido? Em uma palavra.

Logo depois:
- O que você faz que, quando faz, sente o senso de realização?

Terceira e última pergunta, para você se aproximar do seu propósito:

- Independentemente do quanto você receba, independentemente da sua recompensa financeira, você faria ainda assim?

VENCENDO GRANDES DESAFIOS COM PROPÓSITO

Há cinco grandes desafios diante dos quais quase todo ser humano desaba, mas que você pode vencer se tiver um propósito claro e definido:

1. **A dor.** Se você não sabe quem é, não descobriu o seu propósito, sua ICP, as dores da vida vão derrubá-lo. Quando as frustrações, traições e calúnias chegarem, você vai estar com o emocional totalmente perdido. Passei por situações de calúnia, desprezo, fui maltratado

pela vida de forma muito cruel, e nunca desisti. Nunca me permiti chorar pelos cantos. Por um motivo: eu sabia para que nasci. Entendia que aquele processo era para me tirar da zona de conforto e que me permitiria alcançar o meu propósito.

2. **Os inimigos do caminho.** Quanto mais próximo do seu propósito estiver, mais inimigos vão se levantar para impedir de realizá-lo. Quando você vive o seu propósito, se destaca com naturalidade. Toda a atenção virá para você. E os inimigos aparecem. Isso é comum. Você não é o mais injustiçado do mundo. Não se faça de vítima. Os inimigos são comuns e, ao mesmo tempo, são importantes. Eles falam as verdades que um amigo não vai dizer. Eles têm a intenção de ofender, mas você pode tirar bom proveito disso se souber escutar e descobrir o que realmente é verdadeiro ou não.

3. **Seu estado atual.** Muitas pessoas, ao olharem ao seu redor e verem a própria realidade, desistem. Desistem de avançar, de conquistar seus objetivos. Porque a realidade, às vezes, é cruel. O seu estado atual pode fazer você se sentir pesado, levar você a se sentir cansado demais. Mas isso não é barreira para quem já descobriu o seu propósito. O seu estado atual não é capaz de frear suas ações.

4. **Sua localização.** Lembro de uma passagem da inteligência bíblica que mexe muito comigo, quando anunciam que Jesus, o Filho de Deus, começou a exercer o seu ministério na terra. Alguém pergunta: "Mas de onde ele veio?". Alguém diz: "De Nazaré". Outro responde: "Pode vir alguma coisa boa de Nazaré?" (ou seja: desse lugarzinho de onde não sai nada de bom pode vir um Messias?). E outro retruca: "Venha e vê". Não importa se

você mora numa comunidade carente, numa pequena cidade do interior ou distante dos grandes centros urbanos, se não tem acesso a toda educação de que precisa. A sua localização atual não vai impedi-lo de avançar se você já descobriu o seu propósito de vida.

5. **A morte.** A morte é o maior medo do ser humano. Agora, preste atenção: quem tem propósito morre apenas fisicamente. A carne morre, mas o propósito fica para sempre. Até hoje, quando se vê nos Estados Unidos um preto entrar num restaurante ou votar, um preto presidente, o que vemos é o propósito de um homem que morreu décadas atrás: Martin Luther King Jr. Ele morreu, mas o seu propósito está vivo até hoje. O propósito é a única coisa que vai fazer você durar para sempre.

As pessoas me perguntam como podem saber se estão mesmo vivendo o seu propósito de vida e se já estão na sua ICP. É muito simples. Pergunto: se hoje depositarem 10 milhões de dólares na sua conta, o que você vai fazer amanhã? Como vai ser a sua agenda da semana? Como vai se relacionar com seus amigos e família? Vai continuar a agir da mesma forma?

Reforço a minha resposta anterior: se hoje eu recebesse todo esse dinheiro, amanhã eu estaria aqui, trabalhando em minhas aulas para meus alunos. Na semana seguinte, continuaria com os meus cursos. Porque esse é o meu propósito de vida. O dinheiro não muda quem eu sou.

Claro que, com o dinheiro, vou poder potencializar muita coisa. Elaborar cursos com mais e melhores ferramentas. Com dinheiro, posso ter um carro melhor, uma casa melhor. Posso mudar coisas, mas não o propósito. Não mudo meus objetivos. Com dinheiro ou sem, vou ser um treinador de pessoas. Então, afirmo outra vez que, se você respondeu que mudaria alguma coisa, você não está vivendo sua ICP.

CAPÍTULO 12

Inteligência emocional e financeira

Certa vez, fizemos uma pesquisa no Instituto Destiny e constatamos que 86% dos problemas de uma pessoa são de fundo emocional e financeiro, enquanto 14% são acidentes de percurso e questões espirituais. Esse resultado indica que as pessoas não sabem lidar com dinheiro. Ganham mais do que as gerações anteriores, mas não conseguem administrar isso. O incentivo ao consumo, o acesso à internet e a liberdade de escolha sem a devida educação financeira têm contribuído para as contas bancárias viverem no vermelho, para as pessoas gastarem mais do que de fato podem.

Para resolver esse problema de como se educar e desenvolver a inteligência financeira, apesar de o tema já ter sido abordado, entendo que seja melhor ter este capítulo inteiro para falar só sobre isso a fim de que você absorva profundamente as soluções. Apenas com inteligência emocional você conseguirá adquirir alto nível de inteligência financeira. Ao passar pelas mesmas etapas e seguir todas as dicas que dei até aqui, sua vida tomará o rumo que você deseja.

Ressalto neste momento que estar acompanhado de um mentor, se dedicar a leituras sobre inteligência financeira — afinal, nós somos a média das pessoas com quem convivemos e dos livros que lemos! — e participar de palestras, seminários, conferências, enfim, treinamentos sobre o assunto, farão toda a diferença.

Muita gente está endividada ou enfrenta problemas financeiros por causa da família ou dos amigos que o levam a gastar mais do que ganha. Mas, se a pessoa tivesse inteligência emocional e financeira, saberia como se comportar. Alguns também não têm referências para lidar com dinheiro. Não convivem com quem pode ensinar, não tiveram educação financeira nem foram atrás de quem poderia ajudar.

Você pode me dizer que isso é um problema, pois não é fácil se conectar com pessoas melhores do que você, com quem já chegou aonde você apenas sonha estar. Elas não moram no mesmo bairro que você. Você e essas pessoas estão em níveis sociais diferentes. Lembre-se de que você precisa criar um padrão que vai influenciar a sua vida e que atrai ou repele pessoas estratégicas para você. Treine sua inteligência emocional e estará treinando para desenvolver a inteligência financeira.

LIDANDO COM OS PROBLEMAS

Queria muito dizer que os problemas financeiros são mais fáceis de serem resolvidos, pois referem-se a uma área muito específica de nossa vida. Mas não posso. Problemas financeiros são apenas a ponta do iceberg de conflitos muito mais profundos, como crenças limitantes, não saber quem você realmente é, andar com pessoas que não contribuem para a sua evolução, não saber qual é a sua missão, se está no caminho certo, qual é seu propósito de vida. Eu tenho lutado para disseminar a inteligência bíblica, a inteligência emocional e financeira no Brasil. Tenho visto pessoas presas a religião, preconceitos e dogmas que as impedem de avançar no essencial.

Treine sua inteligência emocional e estará treinando para desenvolver inteligência financeira.

@tiagobrunet
EMOÇÕES INTELIGENTES

Há algo que tenho repetido e ensinado, e vou dizer mais uma vez: é necessário ter fé, mas ela não vai resolver seus problemas financeiros, ela só faz o que é impossível um ser humano fazer; o possível vai depender da sua inteligência.

Sei que pode parecer repetitivo, mas neste caso é importante batermos na mesma tecla até que todo o conhecimento esteja disseminado e incorporado em suas atitudes. Vamos fechar o assunto e relembrar alguns pontos sobre como se desenvolver e fortalecer.

Para sair do nível de baixo e passar para o de cima, você precisa encontrar formas para elevar seu padrão e tem de conviver com as pessoas certas, frequentar os ambientes certos e ler os livros corretos. Isso não é pouca coisa! Por meio da convivência com as pessoas certas, nos lugares certos, você poderá identificar quais atitudes precisa ter para ficar mais parecido com os bem-sucedidos. Por meio da leitura, em especial de biografias de pessoas que venceram na vida, você se aproxima da realidade dos bem-sucedidos.

Mas nada disso será suficiente sem mais um item: ambição. Entenda que ambição não tem nada a ver com ganância. Ganância é aquela vontade desenfreada de se dar bem, ainda que tenha de atropelar as pessoas que estão no seu caminho. Ambição é você querer mais, porque acredita que pode ir além, respeitando todos à sua volta e, principalmente, seus valores. É ter um foco definido, saber que tem os conhecimentos necessários e as pessoas certas que o ajudarão a chegar ao seu objetivo. E permanecer firme no topo.

Com observação e treinamento, por meio de convivência, leitura e estudos, e com ambição, você consegue pular para o nível de cima. Consegue entrar e permanecer no patamar dos grandes.

Então anote essas dicas e pratique.

Treine muito.

E seja feliz.

Saiba que *FELICIDADE* está mais ligada à vida emocional do que a qualquer outra área de sua vida.

Existem pessoas milionárias com emoções miseráveis. Existem pessoas financeiramente estáveis que desfrutam a grandeza da vida.

@tiagobrunet

TAREFA
EXERCÍCIOS PARA GOVERNAR SUA INTELIGÊNCIA EMOCIONAL

Mudanças sempre são profundas. Não são fáceis, por isso mesmo muita gente as evita. Quando surgem, transformam muita coisa na sua vida e, em especial, transformam você.

Estes exercícios foram projetados para abrir a sua mente. É importante que se concentre e os repita de tempos em tempos, por mais simples que pareçam.

1. Escreva os dois maiores problemas que ocorreram em sua vida. Diga quais foram e em que áreas eles aconteceram (emocional, financeira, geográfica).

   Explique como está sua vida hoje após essas adversidades. Diga se você se sente mais maduro, mais experiente e preparado para enfrentar os problemas, ou se não aproveitou essas oportunidades para melhorar, as interpretou apenas como dor e sofrimento.

   _____

   _____

   _____

   _____

   _____

   _____

2. Liste as três coisas de que você precisa em uma mudança: qual é o seu destino, quem é o seu conselheiro e qual é a sua segurança emocional. A segurança emocional é obrigatória; é a ela que você vai se apegar no meio de uma transformação.

   _____

   _____

   _____

3. Selecione três pessoas com quem convive. Três pessoas que tenham importância para você, que tornam sua vida mais fácil. Escreva algo que poderia melhorar o dia dessas pessoas, mudar o humor delas. Diga o quanto elas são importantes e tornam sua vida mais fácil, use uma palavra de carinho. Às vezes, basta ressaltar algo que elas tenham de bom que talvez nunca ninguém tenha falado.

4. Anote cinco coisas que você perdeu na vida porque proferiu palavras indevidas em determinado momento. Pode ser um emprego, uma amizade ou um relacionamento amoroso. Este exercício vai ajudar você a localizar onde errou e medir o impacto dessa decisão na sua vida. Vai ajudar, também, a colocar para fora todo o sentimento de culpa por ter perdido isso e ver o que pode ser melhorado.

TRANSFORMAÇÃO

Conquiste sua nova vida

Agora que estamos prestes a concluir este livro, é fundamental ressaltar o que realmente tem importância para o nosso desenvolvimento em todas as áreas da vida.

O primeiro lugar é ocupado pelas nossas emoções. As emoções são o cerne do ser humano, são o epicentro de todas as decisões tomadas, de tudo o que o ser humano sente, como ele enxerga o mundo. E, se você não tiver excelência no equilíbrio das emoções, não vai ter controle sobre os sentimentos, não vai saber tomar decisões acuradas, nem vai ter equilíbrio financeiro. A emoção vai gritar tão alto que vai emudecer a razão.

Por isso é importante que você tenha excelência emocional. Para tomar decisões corretas. Um buraco emocional faz com que você escolha as pessoas erradas para andar ao seu lado, faz você gastar mais do que ganha, comprar coisas de que não precisa só para se sentir aceito. Um buraco emocional precisa ser resolvido. Daí a necessidade de desenvolver sua inteligência emocional. Sem ela, você vai continuar andando sem rumo e gastando energia à toa.

Além do mais, e nós sabemos disso, existem os ladrões de energia emocional que precisam ser combatidos. O estresse e as dívidas são dois desses ladrões. Quando você está endividado, suas energias emocionais são sugadas. É preciso combater esses adversários, porque essa é a energia que alimenta sua motivação, faz você avançar e tomar decisões melhores para seu desenvolvimento.

Todos os grandes líderes são entusiastas. Talvez você não se torne um líder político ou empresarial, mas você deve ser, no mínimo, líder de si mesmo. Por isso, precisa liderar suas emoções, finanças, decisões. Sem inteligência emocional, você não tem entusiasmo, não tem motivação, não tem autocontrole, não tem empatia. Apenas tem ladrões de energia, toma decisões equivocadas, tem problemas financeiros, não tem controle sobre os pensamentos e as preocupações, dorme angustiado, acorda cansado. E por aí vai.

Adoro a inteligência bíblica quando fala dos dons do espírito. Entre os dons do espírito, estão o domínio próprio, a temperança e a mansidão. Isso é inteligência emocional! Ela é muito próxima à sabedoria, porque é o que mantém você no topo. Às vezes uma pessoa, por causa do talento, da habilidade que tem, chega ao topo, mas cai por falta de inteligência emocional.

A sabedoria não só ajuda a subir a montanha, mas tem o poder de manter você lá no alto. Invista no desenvolvimento de sua inteligência emocional. Adquira-a para criar e lidar com os seus filhos, para lidar com dinheiro, para tomar decisões e saber vencer contrariedades e negatividades da vida, porque elas nunca deixarão de acontecer.

Também falamos sobre lidar com mudanças. Nunca é fácil mudar. Positivas ou negativas, elas vão acontecer, vão tirar você da sua zona de conforto, vão chacoalhá-lo.

Vamos supor que você ganhe mil reais por mês e, a partir de determinado momento, passe a ganhar 15 mil. A mudança é positiva, agora você terá mais recursos, porém vai sair de um contexto conhecido para algo totalmente novo. Assim, terá de saber como usar da melhor forma esse dinheiro. Terá de ter um poder administrativo melhor. Para isso, vai precisar que a inteligência emocional e financeira o auxiliem para não deixar esse dinheiro corromper seus valores, seus princípios, não seja usado para tapar feridas do passado.

Você vai precisar de um equilíbrio muito maior. Quanto mais recursos, mais responsabilidade. Quanto maior o seu propósito e conhecimento, maior é sua responsabilidade. A mudança sempre vai aumentar a responsabilidade. Ser responsável é assumir todas as suas decisões. Ser responsável é assumir um compromisso, ser maduro para decidir. A responsabilidade vem com as mudanças. Elas geram batalhas. Mas, quando as vence, amadurece e fica ainda mais preparado para prosperar em todas as áreas da vida.

Lidar com mudanças não é fácil porque elas podem gerar insegurança e medo. É preciso saber como evitar que esses sentimentos o paralisem, o impeçam de evoluir e alcançar seu destino; atinja seu propósito.

As mudanças são necessárias para que você se desenvolva.

Encare-as como molas propulsoras para um upgrade na sua vida. Transforme-as em algo positivo, não negativo. Essa interpretação depende só de você, e só com ela você poderá se tornar próspero. E prosperidade não é ter dinheiro. É ter tudo o que você precisa para cumprir o seu propósito neste mundo.

Quando falo para se ter cuidado com o poder das palavras, é porque eu mesmo já perdi muita coisa por causa do que falei. Quantas vezes eu disse algo indevido quando estava completamente nervoso e, dez minutos depois, me arrependi. Mas já estava dito. Por mais que eu pedisse perdão, a pessoa já havia escutado e gravado minhas palavras. Já perdi a oportunidade de construir grandes amizades por abrir a boca fora de hora.

Quando ainda tinha uma inteligência emocional imatura, eu falava sem parar. Ao encontrar amigos, queria mostrar que, de alguma forma, havia vencido na vida, que não estava na mesma realidade em que eles me conheceram quando éramos adolescentes. Falava muito, queria aparecer. Com o tempo, percebi que havia me tornado desagradável. Meus amigos já não queriam mais me encontrar com a mesma frequência. Comecei a ficar isolado. E tive de mudar. Consegui identificar o problema e percebi que apenas conseguiria resolvê-lo com treino emocional.

Prefira escutar as pessoas. Sempre que você optar por escutá-las mais, fazer perguntas que estejam relacionadas com o que fazem, elas terão prazer em responder. Isso fará de você alguém muito mais especial para o seu interlocutor do que quando fala demais, e fala coisas inadequadas. Selecione palavras, fale pouco e escute mais.

Eu perdi, também, muitas oportunidades de promoção em empresas e até de subir de nível por ter me precipitado para falar, contado vantagem antes de algo acontecer, o que me fechou importantes portas.

Temos vários exemplos de pessoas que foram julgadas pelo que disseram, em especial quem trabalha em mídia, com divulgação de informação.

Aprenda com os erros seus e dos outros: antes de deixar as palavras saírem de sua boca, reflita sobre como elas podem ser interpretadas. Com as redes sociais, em que a exposição das pessoas está muito maior e mais rápida, escolher quais palavras dizer é ainda mais necessário.

Treine-se. Cuidado com o que você escreve e diz, não fale mal dos outros. Grave isto: quem é feliz não tem tempo para só reclamar, não tem tempo para falar mal e prejudicar as pessoas. Quando decidir intervir numa situação, dizer algo para alguém, seu objetivo deve ser sempre ajudar e tornar o outro feliz, nunca o prejudicar. Você precisa entender que as suas palavras impactam a vida de outras pessoas, e também a sua.

Seja positivo, use palavras boas, de ânimo, mude para melhor o ambiente com aquilo que diz; faça sua presença ser desejada e as pessoas se sentirem confortáveis ao seu lado, pois sabem que sempre virá uma palavra amiga de você. Mesmo que não seja do seu temperamento, mesmo que não tenha sido criado assim; isso não tem a ver com o padrão já estabelecido, tem a ver com o padrão que você passará a moldar a partir de agora.

Encare o treinamento para desenvolver inteligência emocional como um estilo de vida. A partir de hoje, você precisa entender o valor que cada palavra tem e usá-la da melhor forma possível. Evite ofensas, evite falar quando está nervoso, evite dar respostas que podem mudar de modo negativo o seu caminho. Sempre peça um tempo para pensar antes de emitir uma opinião polêmica. Reflita, busque conselho de mentores. Use melhor as suas palavras. Conviva com pessoas que as usam da maneira adequada.

E, por último, mas não menos importante, saiba identificar os temperamentos. Tanto o seu quanto o das pessoas que estão à sua volta. Quando você identifica o temperamento, pode encaixar a pessoa certa no lugar certo. Cansei de ver as pessoas certas no lugar errado. A pessoa é produtiva, é fiel, é boa no que faz, mas é paciente demais, não gosta de conflitos e é metódica gerenciando uma equipe de vendas. Vai ser uma desgraça. Porque o paciente, a não ser que seja muito bem treinado, não vai se dar bem nessa posição com naturalidade. Cada posição social ou profissional exige um temperamento adequado.

A maioria dos grandes líderes, a maioria dos gerentes eficazes, dos diretores que fazem a diferença, principalmente na área comercial, é dominante. É uma área que precisa de alguém agressivo, que parta para cima, que goste de liderar e não tenha problema com conflitos. Já o extrovertido, que não gosta muito de horários certos, prefere ambientes mais populares, gosta de pessoas, às vezes não se dá bem em posições como essas.

O analítico não é o chato. Ele é o cara dos números, que faz conta, é o seu financeiro. Tem gente que diz: "Nossa, que cara chato, faz conta de tudo, pergunta tudo". Não é isso, ele é minucioso. O analítico gosta de detalhes, valoriza a verdade e a precisão. Você precisa pegar alguém que identificou como analítico e colocar como gerente financeiro, como um administrador.

Isso não quer dizer que um dominante nunca será um administrador. Na verdade, afirmo que a facilidade natural dos temperamentos ajuda a encaixar a pessoa certa numa determinada função. Aí tudo vai começar a acontecer com muito mais tranquilidade, com muito mais vigor.

Depois que você identificou o temperamento das pessoas com quem trabalha e o da sua família, comece a encaixá-las no lugar certo. Comece a tratá-las de maneira específica. Você vai ver que seus resultados virão muito mais rápido e serão muito mais eficazes.

Por fim, entremeando todos os temas que discutimos neste livro, está a definição de seu propósito. Nem sempre você vai descobri-lo de um dia para o outro, mas fique tranquilo. A sua hora vai chegar. Descobrir o propósito é tão difícil que, às vezes, as pessoas acham que já o descobriram e, na verdade, o confundem com a ferramenta para o cumprimento dele. As minhas palestras não são o meu propósito, são as ferramentas que uso para atingi-lo. Dar cursos não é o meu propósito, é ferramenta, é como eu treino pessoas. É fundamental que você continue a estudar, refletir, tentar descobrir quem é você, qual é o seu propósito. Sua Ideia Central Permanente. Sugiro que você leia *12 dias para atualizar sua vida,* meu livro que pode ajudá-lo nessa tarefa.

Quando você descobre o seu propósito, sua caminhada aqui na terra fica bem mais leve. Quando sabe seu ICP, sabe qual é a melhor forma de agir, sabe onde vai colocar o seu dinheiro, sabe com quem andar e com quem não andar. Sabe dizer não quando é preciso. Sabe a qual oportunidade deve se agarrar e de qual deve fugir. Porque sabe quem é você, sabe para onde vai.

O propósito também é fundamental para o bom uso do dinheiro, ou o que chamo de "riqueza inteligente". Todo dinheiro que você gastar fora do seu propósito é dinheiro jogado fora. Quando tenho um propósito de vida, sei onde investir. Se eu ganhasse um dinheiro hoje, não compraria um carro, mas investiria no meu propósito, porque é ele que dá sentido à minha vida. O que dá sentido à vida é o propósito.

Sem propósito, você se sente vazio. É por isso que muita gente rica financeiramente é solitária, é vazia. Porque tem dinheiro, mas não tem propósito.

Agora você descobriu e aprendeu a dominar suas emoções. Os ajustes que você fez na sua forma de pensar enquanto lia este livro foram como um GPS que recalcula a rota de um motorista que se perdeu na estrada. A transformação foi grande, mas não deve parar. Continue a treinar e a se fortalecer.

Parabéns! Você está trilhando o caminho que leva ao sucesso. Ao seu propósito. Siga em frente!

O Instituto Destiny treina pessoas e destrava destinos por meio de treinamentos baseados na Sabedoria Milenar. Desde 2022, o Método Destiny, que acontece periodicamente em São Paulo e ensina princípios milenares que levam à vida de paz e prosperidade, já treinou milhares de pessoas. Para transformar sua vida e trilhar seu caminho para o sucesso, acesse: https://metododestiny.com.br.

Fontes SCOTCH, JOSEFIN SANS
Papel PÓLEN BOLD 70 g/m²
Impressão IMPRENSA DA FÉ